Let life be beautiful like summer flowers
and death like autumn leaves

使生如夏花之絢爛，死如秋葉之靜美

印度詩人泰戈爾 《飛鳥集》

CONTENTS

| *Part 1.* 歐洲

| *Part 2.* 南美

| Part 3. 中東

| Part 4. 大洋洲

| Part 5. 北美洲

Part 6. 中美洲

Part 7. 台灣

給《洲際·共遊》的話

「在疑真疑幻之中,與既神秘又真實的外界合而為一的昇華感洶湧襲來,教人不容否認。我終於瞭解梭羅所謂『渾身是知覺』是什麼意思。」著名的旅行探險家李察·柏德(Richard E. Byrd)在《獨自一人》一書中,描繪了自己一個人在南極洲的心路歷程。在閱讀承智的這本《洲際·共遊》時,我有些類似的感受。雖然承智所經之處有許多熙來攘往的人,有櫛比鱗次的街道,甚至也有互相信賴的夥伴。不過,我們不得不承認,當人在旅遊、移動的過程中,經常有其孤獨的一面。

而在這樣隱而不顯的孤獨中,充滿生命力的承智以他自身的感官,熱切地捕捉著外界的各種訊息。他的熱切,呈現在他的敘述當中。不管是在阿根廷的巴里羅切或是在土耳其卡帕多奇亞的格雷梅,不管是在異地的工作場域還是在自己出生的家鄉,他一邊歡快而仔細地記下的見聞,一邊又查詢各種資料來為這些見聞增添背景資訊。在閱讀的過程中,我不僅常常感到驚喜,直呼「原來有這樣的事」,也藉由承智對各種事象抱持著的人文關懷而感到溫暖。承智的這本《洲際·共遊》,我想不只是承智回首青春的各種姿態,更是以他自己的生命經歷,回贈世界森羅萬象之美的報答。

5

Dear Cousin

許承智是我的小表哥，我們的歲數只差近兩個月，我是家中獨子，他則還有兩個兄弟，我自小便看著他們的互動，試圖體會我從未擁有的手足之情。小學的時候我時常跟同學講，我表哥怎樣怎樣的豐功偉業，這些哥哥們在我眼中就像是無所不能、文武雙全的英雄，而小表哥則像個最接近的好朋友，但各方面都超越我，例如：跑步的速度。

在學齡前有一次去診所，儘管大人們先打了「口頭預防針」，說著「就像蚊子叮一下」、「一下就好，不會痛」，在針頭插進皮膚的那一刻，還是痛得我驚嚇不已，我立刻奪門而出，身後滿是大人的驚呼聲，命承智抓住我，我一邊全力的跑，一邊心想著：「完了，許承智追來了，那我一定會被抓到」，現在憶起那兒時的回憶，不禁莞爾。（最後當然是被抓到了）

至今仍時常想起大學時我們騎著機車，肆意的悠遊，談笑像是無憂。如今看著這些遊歷旅程的紀錄，我才驚覺，我的記憶還停留在高雄吹著同樣的海風，小表哥竟已經走了那麼那麼遠。大學時他曾說他未來的目標就是跟他爸爸一樣，結婚生子，承擔起一家子的責任，如今他也是兩個女兒的父親，我跟他說：「嘿，你美夢成真」，每次見面時我們依然輕鬆玩鬧如以往，搭肩道別時才發現他早扛起厚實肩膀。

「走吧！走吧！人總要學著自己長大」，不知怎地我哼起那首《愛的代價》，這世界有多大，記錄在他眼底的風光，似乎已經超越我的想像，予以祝福，讓你勇敢的去向遠方，也總知道哪裡是家。

用旅行寫日記

　　透過承智細膩的文字旅遊著他旅遊過的那些國家，一不注意，會覺得自己在閱讀一本散文集。

　　「用旅行寫日記」，這句話在承智的書裡，我自在地閱讀他筆下的這些國家，感受著一個對這個世界充滿好奇的旅人，是多麼珍惜自己生活過的各個城市。

人生旅途，而立告別

大概在 2011 年從研究所畢業後，我的人生的走向有點超出了我可以控制的範圍。從南太平洋的小島服役，波蘭的小鎮當環境保護的志工，阿根廷探親，中東訪視朋友。我漸漸喜歡上沒法預測結果的嘗試，但前提必須要是安全的。說到底，我有個穩定的因子鑲嵌在基因中，是個生於公務人員家庭常有的天性。但經歷過幾段孤獨的旅行，截然不同的國家風情，和形形色色的人們，其增進的自我和本我探索，這是在以前的書海中所無法獲得的。原以為我經過國家考試成為了公務人員後，人生就會化做朝九晚五，養兒育女的社會齒輪。沒想到因緣際會，我申請上了國際合作發展基金會的外派技師，到中美洲貝里斯繼續我未完的故事。我因著老婆醫療生產的需要，多次往返美國，走踏了不少地方；許多親戚們總是提起的美國，以前的遙遠回憶，現今如此清晰。我所不懂的事情，在寫作中和旅遊中逐漸得到了解答。書內也收錄了一些我在中美洲等國的人文體會，雖然不是外交祕辛，但透過了我自己的觀景窗擷取了幾個獨特的人文觀察，每每還是喚醒了一些回憶。

當我再一次回頭看我寫過的旅遊記事，好像又參與了旅遊一次。多年前的氣溫、味道，對話，經過許久仍沒有消散。我猶記得在阿根廷的伊瓜蘇國家公園區，入住了一間背包客棧，早晨的天氣很涼爽，倒了一杯咖啡把波蘭的故事逐字寫下，很喜歡那個

細細咀嚼後又反芻的寫作時空。又或是在科維特的沙漠中陷入沙州動彈不得時，那群無親無故的伊斯蘭人奮力幫忙脫困的特有經驗，彷彿身體還在 48℃的沙漠中發燙著。

在書寫的時候，我特別的避開一些負面的評論，其實目的是希望建構一個正向的人生觀；不論事物、國家、人，常常好壞有時、快樂有時、悲傷有時、抱怨有時。我們不能預測和閃避那些惱人的事物，但卻可以學著電影《真愛每一天》（About time）的最後，男主角試著用樂觀的態度重複他的每一天，直到不再怨恨那些過去。

《洲際·共遊》不是一本旅遊指南，是個分享我眼中世界的公開資源，有著我曾經閱讀過的外交書籍，著迷過的日本電影、英美老音樂和我學習的獸醫學知識。除了收錄了數篇國內外旅遊手記之外，還有少許獸醫工作體會。我表弟王慕天，果陀劇團的導演寫了一個劇本叫做「而立告別」獲得第三屆兩岸劇本投創平台的首獎。吸引我的是那精準的劇本名，對而立之年做個告別。青春有各種模樣，有邊境流浪者，有非洲大陸的尋醫者，泰國山區的大象守護者。而我，回首的望著自己，青春是什麼樣子，而我又應該如何跟它告別？我想，藉由《洲際·共遊》提供了一些文獻來描繪我的人生，在這人生的廣闊地圖上留下自己冒險的紀錄。謝謝閱讀這本書的你，希望參與我人生的人能因此有不一樣的人生體會。

9

作者插畫由李詩元繪製

Part 1

欧洲

Poland

波蘭　走出戰後

　　經由申請歐洲聯盟的志工活動，我來到蒙著神祕面紗的波蘭。志工活動的地點在波蘭首都華沙北方的小鎮維利澤夫（Wieliszew），工作內容除了協助為期 2 日的國際音樂祭，也包含宣導環境保護、維護音樂祭期間沙灘及周邊環境的清潔。活動宗旨除了綠化地球之外，也提供國際學生互動的平台，讓來自世界各地的成員聚集在此互相合作交流。在音樂祭活動期間，我們這號稱聯合國、來自各個國家的志工組成了一個小團隊，負責一個環保音樂短劇的演出，以詼諧誇張的表演來推廣垃圾回收再利用及世界地球村的觀念。我們收集散落在海灘上的廢瓶子教孩子們以彩繪重新裝飾，並分發氣球宣導減少溫室效應的理念，藉由此活動結識了許多難得的海外朋友。其中，有一位在華沙大學念漢學碩士的媽媽知道我會說中文，高興地跟我聊個沒完，並邀請我到她家作客，讓人感覺心中暖暖的。

迷人的舊城區

　　志工活動期間正值波蘭的國家節日「聖馬利亞節」（St. Mary's Polish Festival），團員們抽空到華沙首都去體驗波蘭頗具盛名的舊城區。這個在第二次世界大戰時曾經被德國與蘇聯相繼瓜分的城市，在希特勒政權下，以南方小鎮克拉科夫

華沙舊城區市集

華沙舊城區廣場

（Krakow）、奧斯威辛（Auschwitz）為中心，建立以輻射狀遍布東歐的集中營。在波蘭血淚交織的歷史背景下，許許多多悲愴故事仍深深留在波蘭人民的心中。隨著波蘭的國歌〈波蘭沒有滅亡〉（Mazurek Dąbrowskiego）在舊城區響起，禮砲大作，似乎在宣示波蘭已經走出了共產主義垮台後的經濟蕭條。

旅行過許多國家，相較於義大利、捷克、法國的熱鬧街區，波蘭並沒有帶給我商業充斥及遊客遍布的反感。在這被聯合國列為世界文化遺產的舊城區，我彷彿迷失在中世紀的城堡和聖母教堂中，馬車緩步壓過鋪著磚石的巷弄，管風琴與弦樂巧妙和鳴，巴黎的浪漫、布拉格的古老和羅馬的歷史，交織成一幅如畫的風景。

有趣的是，英文在波蘭並不普及。當我問路的時候，波蘭人總是先露出一副無可奈何的表情，然後又熱心地以一長串的波蘭文幫我指路，甚至手腳並用地帶我到那個地點。有時我得要不斷地向他們鞠躬道謝，他們才會停下來。在國際志工營的活動中，我們有1、2天的空檔自由活動，我們討論後決定玩所謂的「搭便車遊戲」（Hitchhiking）。我們先設定了許多地點任務，必須一一抵達、拍照，但通行方式必須是搭便車。在任務中，許多熱心的波蘭人每每停下問我們需要怎樣的幫助，甚至邀請我們到他家去作客，烹煮當地的傳統美食「Pierogi」給我們吃。它的製作與台灣水餃有異曲同工之妙，在麵皮裡填滿肉末、剁碎的酸菜與蘑菇、乾奶酪或水果等，然後煎炸而成。波蘭人的熱情和善意使我心裡暖暖的。我可以舒適地端坐在舊城區的路旁，看著街頭舞台上，年輕女孩們跳躍著東歐特有的傳統舞蹈，白色綿織的長裙，代表著不同於西南歐的天主教保守文化，優雅地飄逸在風中。

受傷的靈魂

在波蘭當地志工的帶領下，旅程走到了位於最南端城市克拉科夫西南方 60 公里處的奧斯威辛集中營，才驚覺自己正立足在一段二戰時期悲劇的現場。那是波蘭人最不想回憶的歷史，但也不願意在洪流中抹除。二戰期間，德國納粹分子鎮壓異己、推行種族政策，自 1940 年起建立集中營，透過集中營進行屠殺，以氰化物毒氣、飢餓、槍擊、勞動等方式，總共屠殺約 510 萬名猶太人。

樹立在奧斯威辛集中營上方的標誌牌上寫著天大的謊言「勞動換取自由」，為這個集中營建立的目的下了一個諷刺的註解。長長的火車軌道通往另一個集中營比克瑙（Birkenau），當年納粹軍官就是在這些軌道上篩選處決的人。走了標示著無數編號的集中營區中，陳列著受害者的衣物、鞋子、輪椅、眼鏡和慘無人道的禁閉室、處刑台。受害者的相片上標示著不同的國籍，大部分都是猶太和波蘭裔。遭受德軍的轟炸攻擊，國土內又蓋起了集中營，以國家的尊嚴來看，波蘭是重大的受害者。漫步在占地極廣的集中營，周遭靜得連呼吸都聽得見，瀰漫著令人胸口鬱悶的悲傷。我們看見許多披著六星旗的猶太學生穿梭在營區，他們或許才真正能體會歷史的傷痕。反觀出生在和平世代的自己，恐怕再努力想像也無法觸及真實情況的百分之一，只能誠心祝禱，如導覽人員所說的：「願神安慰這些受傷的靈魂。」然而，我眼中的波蘭人並沒有像普羅大眾形容的「因為經歷了戰亂而總是擁有憂愁的神情，不知如何微笑的臉龐」，而是深刻打動人的良善與單純，我不用像在巴塞隆納的地鐵裡緊抓著錢包和手機不放，也不必像羅馬的街頭兀自加速遠離路邊的行乞者。這時遠方悠悠地傳來蕭邦的夜曲，為這趟旅程下了一個完美的註解。

—— 本文刊載於 2013 年 1 月 28 日台灣教會公報 3179 期

奧斯維辛集中營入口

Part 2

南美洲

阿根廷　阿根廷，我不為你哭泣

　　拿到退伍令那一天，還記得天氣晴朗、萬里無雲，長官拍了拍我的肩膀說：「一路順風啊！」像仙履奇緣中 12 點的鐘聲響起，肩上的役男名號如斑塊掉落、崩解，也伴隨著學生時代延續期的戛然終止……逃離社會的各種方式已經用罄，眼前的是從未進去過的職場，不免緊張了。

　　任性的我決定給自己一個長假，進入職場前好好地走踏這個世界一番。正在煩惱目的地為何，偶然得知父親有位表妹移民阿根廷，這個神祕如非洲的南美大地瞬間擊敗所有想去的國家脫穎而出。我快速地處理繁雜的簽證與機票，扛著一身的行囊，「即從巴峽穿烏峽，便下襄陽向洛陽」般地跳上飛機，熱切尋求與南美大地的第一次親密接觸。

挑錯時間來了！

　　飛機飛躍了大西洋，精準降落在首都布宜諾斯艾利斯的埃塞薩（Ezeiza）機場時，機上的乘客響起了如雷的掌聲，彷彿為此次旅程平安及豐沛飽滿的生命歡呼，這是專屬於南美洲降落的儀式。就像拉美人口中常說的「Viva la Vida」，西班牙語的意思是：「為了生命而歡呼吧！」熱情的氛圍很快就團團包圍我這個來自保守亞洲文化的人。

布宜諾斯艾利斯港

七月九日大道（Avenida 9 de Julio）

　　我拖著行李緩緩走出海關，還久久無法接受自己已經踏上距離台灣 2 萬公里的阿根廷。人生瞬息萬變、世界如此浩渺，在有限的一生能有幸造訪某個國家，不知需要多大的機緣。連結我與阿根廷的除了 10 小時的越洋航空，還有那位穿著紫紅色唐裝、布製黑鞋在航廈出口大聲嚷著我名字的表姑。「你啊，挑錯時間來阿根廷了！」表姑如此說。2012 年勝選的阿根廷女總統克莉絲汀娜祭出各種補助藍領階級的津貼政策，因此獲得勞工和外來移民的選票；但龐大債務逐漸築起高台，加上內部貪污嚴重、貿易被外國限制，貨幣無法兌換，社會動盪不安。這讓帶著一袋美金風塵僕僕而至的我頓覺困擾，但我不信邪，硬是去阿根廷政府和各大國際銀行集散地的 San Telmo 區碰運氣，在走訪許多有名的國際銀行都吃閉門羹後，甚至當我在銀行街上拿起手機拍街景，瞬間被幾名荷槍實彈的警衛給團團包圍，沒好氣地問我是否要搶銀行，那時我才意會到情況有多嚴重。晚上約莫 8 點時，街

上開始湧現人潮，拿著鍋碗瓢盆的抗議民眾敲敲打打在巷弄中遊行，做些軟性的抗議，如果初次看到，還以為這些人在抗議肚子餓呢。

阿根廷等於牛肉、探戈、冰河！

然而，這些政治經濟因素絲毫都沒有減低「布宜諾斯」這西語意思為「美好的」帶給我的期待；畢竟這個城市經歷的故事實在太多，才會有以前總統裴隆的夫人艾薇塔（Evita）致力於縮小社會貧困差距的《阿根廷，別為我哭泣》的血淚故事。

表姑家座落於布宜諾斯艾利斯中央紅線地鐵站 Medrano 附近，四周近百年的歐式華麗建築林立，外觀布滿了歷史的興衰。這裡是布宜諾斯艾利斯最寧靜的住宅區，表姑一家在十年前經濟大崩盤時趁勢買進。轉角鑲嵌著典雅的咖啡館，烘焙機炒著中南美的生咖啡豆劈啪作響，醇香的咖啡味瀰漫街角。兩旁的菩提樹縱橫交錯連成綠色天幕，南半球斜照的和煦陽光穿透葉脈形成多樣的剪影，讓人有身於巴黎左岸的錯覺。在某個無事的下午，我喜歡點一杯冰鎮過的阿根廷啤酒 Quilmes，讓背脊陷入椅背中，感受這歐式殖民與熱情的南美融合而成的特有氣息。

講著流利西文的表姑為第一代移民，許多同時期一起移民的台灣朋友都因為政治動亂或經濟因素而撤回台灣，他們到了阿根廷才明白要挑戰經濟和語言重重困難，並不如紙上談兵般容易。「我就是想證明自己能在這裡生存！」表姑豪氣地說著，她走過 1992 年的經濟崩盤，曾經經營過超市、相片沖洗店，目前在中國城一家基督教中文學校擔任教職。而我素昧平生的表弟有一個非常阿根廷的名字「Jorge」，他近兩米的身高配合爽朗的笑聲，也有中西文內建翻譯機的必備功能，但他對台灣的印象並不多。

「你對台灣的印象有什麼？」我好奇的問著。「很熱，很溼，鹹酥雞、夜市……」他搔著頭努力回想那四、五年回去一次的台灣。「還有臭豆腐啦！」表姑在旁邊幫腔。

到阿根廷的時候，正逢台灣的中秋節。表姑從僑民慶祝大會中拿回了幾塊月餅，表姑丈坐車到當地的肉攤買了來到阿根廷不能錯過的牛肉，架上了炭火開始烘烤，牛肉的油花隨著加熱而閃亮地佈滿肉表面，香味也無法避免地四溢出來。「阿根廷等於牛肉、探戈、冰河！」表姑微笑跟我說。表姑並做了南美肉餃（Empanada），配上早市裡來自智利的鮭魚生魚片，佐以冒著小麥花綿密口感的冰啤酒。我從不知道自己 27 歲這年能夠如此幸運嚐到宛如聯合國的菜餚。還記得那晚月圓星稀，偌大的月亮照耀著大地，好像對著這片如母親的南美大地唱著搖籃曲。

獨一無二的親情之旅

我選擇獨自前往阿根廷其他景點，臨行前表姑擔心地交代我注意事項：「人群擁擠時包包要抓緊，沒有辦法就打電話回來，我來解決！」他像媽媽一樣對我耳提面命，並陪我坐了一段公車，直到再不下車就會跟我一起出城，她有點豐腴的身形這才跳下車，隨著車子漸漸縮小到消失。我一路上反覆地咀嚼著這份上帝安排獨一無二的親情旅程，我也許不知道阿根廷要為誰哭泣，但阿根廷這些人、那些事，帶給我的值得大哭一場。

── 本文刊載於 2013 年 5 月 6 日台灣教會公報 3203 期

25

拉博卡（La Boca）港口

阿根廷　胡乎依！薩達！── 沈睡的印加帝國

神鷹，安地斯山的王者，把我帶回我親愛的土地，
我的家鄉安地斯山，我要和我思念的印加兄弟們 生活在一起。

── 老鷹之歌

　　最近到阿根廷探親、旅遊，在布宜諾斯艾利斯停留 1 週後，我在表姑安排之下，隨著西北旅行團到了安地斯山峻嶺圍繞的薩達省（Salta）。在阿根廷西北薩達的卡法亞特（Cafayate），是以赤色石礫堆疊峽谷聞名的高地莽原，旅行團笨重的雙層巴士停在峽谷的入口處放旅客進去參觀。

　　穿著印地安特有七彩披風的中年大叔在峽谷中央沉吟著名的〈老鷹之歌〉，四周聳立的山壁包圍成弧型，露出了上方通天山洞；從空照圖似一道深不見底的黑洞，此處被當地人稱作「惡魔的咽喉」。歌聲在赤紅色的山壁中縈繞，藏著粗獷大氣的野性，帶領眾人穿越了異時空，彷如歌詞中印加帝國的勇士們，持著羽箭、身披豹皮抵抗西班牙君臨天下的鋼鐵騎兵。

殖民史下桃花源

　　薩達和胡乎依（Jujuy）這唯二在西班牙殖民下仍保有印地安文化的省分昂然挺立在阿根廷西北邊，像是中國西北邊境的東土耳其斯坦與圖博，存在著與首都歐式殖民風迥然不同的印加文化。也因為高聳的安地斯山脈和貧瘠的沙漠地形阻礙了西班牙大軍的侵略，因而倖存下來，成為殖民歷史下的桃花源。阿根廷西北邊的省分連結著雄偉的安地斯山脈，使得從前

卡法亞特（Cafayate）惡魔的咽喉

安地斯山駱馬

締約的土塚

只從書本上得知的這陸地上最長的山脈，便在這巧妙的緣分下邂逅了。這座印加帝國的神山像條巨龍蟄伏橫臥在南美大地，伸出了鐵紅色的臂膀溫柔地擁抱著秘魯、巴拉圭、玻利維亞和阿根廷。它並不是一片青山綠水，因為富含各種不同礦石元素而裸露著深綠至鐵鏽紅的外皮，萬年來默默地沉睡著，守護著印加雄偉的帝國。

我在峽谷外四處拍照時，看到許多以大小不一石頭堆成的土塚，像是有人刻意堆砌在這荒原上。我好奇地探問，一個販賣羊駝圍巾的小販跟我說：「當你許下一個願望，便在這土塚上堆砌一個石頭，當願望實現的時候，你得再回到這個地方！」這樣像是與「石頭靈魂」締結的契約，如同太陽神都為印地安人一直深深信仰，他們相信每個自然事物都存在著神。即便我自己的信仰與之有所衝突，但如果能再次回到這不可思議的地方，也許就是我的夢想與願望實現了吧！於是，當遠方的導遊高聲呼喊集合，我隨手拾了一顆石頭搭上，然後匆匆歸隊。

七彩山下小鎮

車子持續往西北駛進，延著胡乎依的 52 號公路狂飆，揚起陣陣黃沙。司機狂野的開車方式讓我膽顫心驚，車子側一轉進入用土牆砌成的建築，七彩山下的小鎮：普爾馬馬卡（Purmamarca）！依山而傍的普爾馬馬卡似乎配合山的稜線而造，阡陌縱橫的土屋像梯田散落在山下。偶然抬頭望輪廓清晰的七彩山，不同於安地斯其他山脈的赤紅色鐵礦，山腰間斷層鍍上了深綠、靛青、鵝黃的色彩，彷如刺上了青青綠綠的圖騰。因為這渾然天成的美景，許多遊覽車接續駛入，放下一群又一群形形色色的的遊客。操濃厚英國腔的大不列顛人、皮膚黝黑的印度客、戴著白帽排隊整齊劃一的日本老者，像漲潮水沖刷這個小鎮。在這陣潮水中能見到一群戲游淺灘

普爾馬馬卡（Purmamarca）的七彩山

的小魚群，戴著一包包彩布、青銅項鍊、幸運符或駱馬毛皮製成的織品奔跑在街道上。他們是一群約莫 10 來歲的印地安小孩，努力地推銷自己的商品。某個編著雙馬尾的印地安小女孩拿著一串吊飾坐在我旁邊，指著我的相機問：「這多少錢？」當我換算成阿幣告訴她，她露出吃驚的表情，似乎這數字不曾出現在她的世界。我知道她想要什麼，於是掏出錢買下她手上的飾品。記得移民阿根廷的表姑跟我說過，阿根廷政府其實提供了許多保障名額，給印地安文化區的居民工作機會，但卻少有原住民願意離開這個居住了幾千年的高地。在這經濟水平較為低落的西北區，原住民的收入主要靠旅遊業支持。

　　我不禁開始想，人們都是因著自己的私利而強行侵略原生住民的所在地，將資源搜刮殆盡後，再奪取他們原本生活的習慣，換上自己認為最適合他們的方式，如暴政的君王般統治，以至於他們漸漸遺忘自己的文化、甚至是生活技能。這讓我想起在太平洋上的諾魯共和國服外交替代役時，因為位於太平洋的戰爭中繼點，二戰期間遭德國與日本相繼佔領，將他們特有的南島文化破壞殆盡，並植入西方科技，現今許多島民已經不會捕魚打獵，變成一個只能靠聯合國援助的小國家。人們總是打著拯救者的名義來執行自己的掠奪，卻留下了許多無法收拾的後果，這類的事幾千年來都一個樣。

　　我注視著小女孩澄澈的眼眸，某個印加英雄的身影好像浮現，站在如火星的安地斯山頂，雄鷹停留在他堅毅的肩膀，穹蒼大地迴響著他野性的嘶吼。帶著黃沙的狂風颳起，那個小女孩的身影也隨風消失，但我知道那段輝煌的帝國歷史深深刻在他們每個人的心上，像頭巨熊安靜地酣睡著。

—— 本文刊載於 2013 年 6 月 24 日台灣教會公報 3200 期

胡乎依省（Jujuy）的「胡乎依」一詞
源自印加族的 Quechua 語「Hu-Hu-Huy」轉西班牙音，是原住民高興時的歡呼。

阿根廷　埃爾卡拉法特（El Calafate）——
爬上大冰川吧

在前往世界的盡頭烏斯懷亞（Ushuaia），阿根廷火地島省的首府，被認為是世界最南端的城市）的旅途中，我選擇了小鎮埃爾卡拉法特（El Calafate）作為中繼站。經過了阿根廷西北行長途巴士的折磨後，我決定乘著飛機直接攀上巴塔哥尼亞高原（Patagonia），降落在擁有壯闊大冰川的小鎮埃爾卡拉法特。

邊境恬淡小鎮出發

阿根廷的絕美景觀難以計數，但大冰川肯定是讓人一生難忘的美。埃爾卡拉法特的機場離市區有段不近的距離，步出海關後，我馬上看到了拿著我名牌的司機，於是上車往市區移動。沿路可見巴塔哥尼亞高原的沙漠氣候孕育出低矮多刺的灌木叢，沙石成分高的地層覆蓋著地貌，似一座鐵綠色的城堡綿延不絕地堆積在無垠的高原上，荒漠中的草原抽去了鮮綠，彷彿一片米色的麥田陪襯著著墨綠的岩石，有種冷酷異境的錯覺。

埃爾卡拉法特這個名字的由來，是因為小鎮旁漫山遍野長滿了叫做「卡拉法特」的植物。卡拉法特是種綠葉黃花的植物，結出紫色的果實，嚐起來似藍莓。這個小鎮是設備簡易的

巴塔哥尼亞高原（Patagonia）風景

壯闊千年冰川

充滿碎冰的阿根廷湖（Lake Argentina）

村莊，舊式房屋、旅館整齊地排列，營業的商家不多，對於旅遊業者來說，小鎮的定位大約等於登上珠穆朗瑪峰前的基地營，用不著華麗的裝潢，只需要供應食物與飲水；像是奉茶一樣恬淡，搭配過分精采甜膩的和菓子茶點「大冰川」，呈現互補的和諧。在街道上也看到許多智利的國旗飄揚，反映著兩國在巴塔哥尼亞高原、火地島的頻繁接觸，不但陸路上可以互通，亦可經由船隻往來。所以在智利可嚐到彭巴草原上的肥厚牛肉，在阿根廷也可吃到新鮮的大西洋鮭魚。

船行藍色牛奶汪洋

　　欣賞大冰川的方式有兩種，一種是乘坐遊湖船在阿根廷湖（Lake Argentina）湖面上觀賞，另一種方式則是進入冰川國家公園，然後穿上冰爪爬上冰川。不管遠觀或是藝玩焉，我決定兩種方式都嘗試，在港口搭上了遊湖船後，船隻便往大冰川前進。

　　湖岸旁的山巒像是尼泊爾境內的珠穆朗瑪峰，頂端覆蓋著千年未散的皚皚白雪，棉絮般的雲霧透出一抹金色的光，看起來巍峨莊嚴。寶石藍的阿根廷湖在晨曦下形成藍色牛奶汪洋，引領我們前往壯麗的大冰川。

　　冰川的形成是因為高緯度寒帶地區白雪層層堆積，因重力和積雪之間的壓力沿斜坡下滑而形成。千年的冰川封存著許多未解開的謎題，化石、礦脈以不張揚的姿態深埋在透明的冰晶中。冰

冰川健行

河下滑時切割山谷和岩石，形成了冰河淡水湖，切割的過程中許多礦石的微量元素釋放到湖水中，造成阿根廷湖的顏色不像一般淡水湖一樣湛藍，而是呈現一種凝滯而不透光的淺藍色，像藍寶石一樣鑲嵌在巴塔哥尼亞的高原上。

阿根廷湖的冰塊以不同姿態躺臥，有雪白的大浮冰斜臥著，亦有長條型的冰川互相依偎而不顯孤單。因為正值阿根廷的春天，許多大塊的流冰已經破碎散落在水面上，圍繞在船隻周圍好似裡面隨時會有海豹探頭出來。遊湖船的船員起身打撈了一顆形狀良好的冰塊上來供遊客拍照，擊碎後加入威士忌給遊客享用。冰塊加入溫熱的威士忌發出了滋滋響聲，讓我想起日劇《愛在聖誕節》中織田裕二有塊冰河期的冰塊，當冰塊融化時，千年前的空氣從冰隙中跑出來，也發出如此聲響。當琥珀色的威士忌滑入喉嚨後，我已分不出讓我微醺的是眩目的千年冰河景致還是威士忌了。

船隻繼續前行，我們終於到了最接近冰川但保持安全距離的地點。目前高聳的冰川約 20 公尺高，聳立如冰牆，前方的冰被後方厚重的冰河推擠著，不甘願地往前，呈現鬼斧神工般深淺程度不同的冰痕。船長關掉了引擎，我們等待著冰崩。冰崩是冰河與湖水推擠後，因壓力而導致最尾端的冰緣掉落墜入湖中。冰塊斷裂的聲音像炸彈爆發，掉落時又有如雷鳴，低沉雄渾。隨著冰崩，巨大的水波也撼動船隻，遊客們無不報以掌聲，為自己有幸目睹難得奇景而歡呼。

腳踏雪白千年冰川

遊湖結束後，我又展開與冰川近距離的親密接觸。導遊領著大家換上冰爪，叮嚀在冰上行腳應注意的事項。原本陰鬱的天空漸漸晴朗了起來，和煦的陽光灑在冰川上，反射出耀眼的光芒。此時太陽眼鏡就顯得非常重要，因為反射的陽光威力可比擬直射，看久了對眼睛會有不良影響。

走在冰川上確實不輕鬆，得好好踩穩一步才能移動下一步，雖然才走了一小段，卻讓我宛如化身日劇《岳：冰峰救援》的主角，拿著冰爪和配備在跟大自然搏鬥著……呵，真是非常自我感覺良好。冰川上是一座崎嶇的冰山，我們從半山腰出發往上縱走，不時看到一些融化的小水池映照著天空的湛藍，看來像清澈的小游泳池。冰川的相連處有時存在著深不可測的深溝，險峻地形使得我冒險的感覺油然而生。直到爬上山頂往下俯望，一片接一片的雪白冰川已片片相連到看不見的天邊，置身雪白大地的自己忽爾有難以言喻的感動貫滿全身。

每個人心中都有美景排行，也許是極光、金字塔、馬丘比丘，此行讓阿根廷的埃爾卡拉法特大冰川排進我心中的前十名。冰川是阿根廷的象徵之一，保存了亙古的歷史及完好的自然，像是地球的瑰寶，持續帶給後世數不盡的線索和無與倫比的感動，也不斷訴說上帝創造的奇妙！

—— 本文刊載於 2013 年 12 月 30 日台灣教會公報 3227 期

冰川上的一池融冰

阿根廷　巴里羅切（Bariloche）——
巴塔哥尼亞的瑞士風情

　　在顛簸的路途中驚醒時，看了看手錶，從阿根廷首都布宜諾斯艾利斯出發已過了 20 個小時。車子漸漸駛進了巴塔哥尼亞高原北邊的小城市巴里羅切（Bariloche），這裡依靠安地斯山，傍著阿根廷第三大湖納韋爾瓦皮湖（Lago Nahuel Haupí），近似歐洲的阿爾卑斯山。早春的阿根廷還有幾分寒意，天空降下了潔白雪片，伴著嫩綠青草香，展開了在「南美小瑞士」的旅程。

納韋爾瓦皮湖（Lago Nahuel Haupí）船遊

景色優美跳島之旅

聖伯納懸小酒桶相迎

　　巴里羅切位於阿根廷中部的黑河省（Province of Río Negro），和南美許多城市一樣與歐洲有著關聯，歐洲侵略、殖民統治和逃難，構成了鑲嵌式的拉丁文化。巴里羅切全名叫「San Carlos de Bariloche」，源於19世紀時，德裔智利人卡洛斯（Carlos Wiederhold）翻過安地斯山脈到此定居，開設了一家貿易的店叫「Don Carlos de Bariloche」，以當地土產換取智利的民生用品。「Bariloche」是印地安語「Vuriloche」的誤寫，意思是「山後面的人」。後來信件往返時店名誤植成「San Carlos de Bariloche」，當地人為了感念他帶來繁華，便以此命名城市。

　　歐洲人從智利翻越安地斯山到此定居，帶來歐洲文化、飲食、建築，讓這裡充滿歐洲風情，有「南美小瑞士」之稱。不僅坐擁蔥鬱林木和光亮如鏡的湖景，小鎮也引進瑞士巧克力精細的製作工法，搭配中美洲的可可豆，創造巧克力的無限風味。

　　我在鎮上的巧克力街走著，店家推薦了一款中間包有紅色果實的巧克力，巧克力的苦澀夾帶果實的酸甜，在口中奏起琴瑟合鳴的美味，讓人回味再三。有趣的是，路邊甚至有人牽著阿爾卑斯山特有的聖伯納犬，脖子上綁著木製小酒桶跟觀光客拍照，竭力複製瑞士文化。

維多利亞島（Victoria island）紅樹林

小鹿斑比跳躍紅樹林

　　納韋爾瓦皮湖島嶼星羅棋布，我踏上遊艇參加跳島之旅。四周群山一片氤氳，雪白群峰猶如封存於神祕面紗。沉睡整個冬季的教堂山（Cerro Catedral），山頂是滑雪勝地，青綠與絹白投射湖面，妝點了清澈無波的水面。湖畔蘆草萋萋，像舉起的手臂隨風招手，伴隨清透的微風吹拂，帶來了春的氣息。

　　船行不久，導遊引導大家到船頂，拿起麵包屑放在指尖，不知何時出現的海鷗倏地滑翔下來咬走了。只見成群的海鷗訓練有素地飛上飛下，把遊客丟的麵包屑精準地接進自己的嘴巴，牠們像被馴化的家禽般伴著船悠悠前進，成了大家爭相攝影的焦點。

　　納韋爾瓦皮湖最大湖中島維多利亞島（Victoria island），是以紅樹林為特色的國家公園。不同於淡水河口的矮小紅樹林，這裡的紅樹林粗壯如檜木，整個樹幹披著紅橘色的臘，樹皮光滑，國家公園並建有環島木棧道保護紅樹林。這座紅樹林有一段軼事，據說華德·迪士尼在島上旅遊時，被紅樹林的美景觸動了靈感，以此為原型製作了知名動畫《小鹿斑比》。於是我在童話森林幻想中，跳躍過赤紅的紅樹林，遠眺青翠的高山，探索著小鹿斑比的出生地。

雪峰環繞縹緲綠湖景

　　上岸後，小型廂型車載著一車子阿根廷人往教堂山前進。我因為不諳西班牙語，所以在導遊介紹湖邊景點時，大部分時間都處於猜測的狀況。因著亞洲人的長相，一些老奶奶很熱心地想跟我聊天，但是奈何我只能回

教堂山（Cerro Catedral）滑雪場

後方為著名 Llao Llao 酒店

以微笑。車子在某個寬闊的觀景點停了下來，讓大家再次觀賞雪峰環繞及清澈蔭綠的納韋爾瓦皮湖。湖中間有個突兀的木製建築物，是世界知名的 Llao Llao 酒店，曾經歷火災、轉手，最後在 1993 年重新開張，因著得天獨厚的巴里羅切美景和五星級的服務，贏得了世界旅館許多大獎，至今仍是許多富裕人家來此度假住宿的首選。

　　告別了湖景，到了阿根廷冬季的滑雪聖地：教堂山，也是觀光遊客的一大景點。我乘著纜車到達白雪皚皚的山頂，溫度也驟降到零下。來自熱帶氣候的自己，一輩子沒有太多的機會可以接觸到雪，對於滑雪這項活動當然也只能做壁上觀。

教堂山後，是被飛雪迷霧給遮去視線的安地斯山脈，我在雪中踽踽前進，盡力欣賞這與家鄉完全不同的景色，也慢慢在旅程中沉澱心靈，倘佯在造物者的美意中。

童話鎮令人魂牽夢縈

　　有人說，把巴里羅切比喻成小瑞士，其實是貶低了這個地方的價值。這裡不僅洋溢移民風采，也是充滿國際愛恨情仇的城市，曾經是德國納粹在第二次世界大戰後躲藏的地方。關於巴里羅切，腦海裡留下的盡是如童話故事般美好的場景。與友人回味著夏季到巴里羅切的湖邊紮營，清晨的蟲鳴和鳥叫喚人起床，肥美的鱒魚在清澈見底的湖底悠游，人生所求的快樂也不過如此。我的家鄉高雄是個工業重鎮，天空已經許久不見湛藍，空氣中也飄浮著污染的微粒。回台灣一年後，不自覺思念在巴里羅切的種種，魂牽夢縈。

—— 本文刊載於 2014 年 9 月 8 日台灣教會公報 3263 期

Part 3
中東・土耳其

土耳其　伊斯坦堡 —— 邊境交織香料共和

　　在決定以土耳其作為伊斯蘭國家之旅的起點後，首都安卡拉卻發生了炸彈攻擊，似乎是土耳其與其境內庫德族人（註）的衝突。我和旅伴們開始躊躇是否仍照原計畫進行，經謹慎討論後，我們捨棄了靠近敘利亞和伊拉克的巴爾幹半島，儘管那是夢幻的幼發拉底河及底格里斯河孕育的米索布達米亞平原，是人類文化的起源，也是聖經中上帝允諾賜給亞伯拉罕及其後人的迦南美地。

歐亞交界的浪漫人文

　　土耳其，像是一塊拓印著神話的石座，幾千年來歷史的刻蝕，留下無數瑰麗的遺跡。這塊有黑海及愛琴海溫柔擁抱的浪漫之地，有多少動人的文化待人去探索？抱持這樣的懷想與期待，我們悄悄地著陸在美麗的伊斯坦堡。

　　在伊斯坦堡亞洲區的某家甜點店，雞絲布丁（Tavuk göğsü）、土耳其軟糖（Turkish delight）、甜膩的巴拉瓦餅（Baklava）五顏六色擺滿桌，搭配曲線玲瓏的鬱金香杯裝盛的血紅色土耳其紅茶，是土耳其式的下午茶。吃著夾著開心果、肉桂、豆蔻加蜂蜜的巴拉瓦餅，不常吃甜食的我覺得甜度負擔有點大。因著好奇，跟土耳其友人攀談關於婦女包頭巾的問題。伊斯蘭國家穿著最自由的土耳其，因為建立土耳其共和國的國父凱末爾推

博斯普鲁士海峡

行政教分離政策，立法規定婦女無需在公眾場合包裹頭巾，鼓勵土耳其女性不受宗教所限表現自己。但包頭巾與否其實受文化影響。友人笑答，她的母親會自然包起頭巾，但不是因宗教規定、家庭因素，而是成長過程受到來自各方面的影響而自覺應包頭巾，友人就沒有包頭巾的習慣。包頭巾不代表虔誠，不包頭巾也不代表開放，包頭巾對於土耳其一般百姓來說已經內化到生活中。但最近包頭巾等服裝問題在土耳其因著部分政黨帶有沙文主義、保守主義而被曲解成政治性問題，當然身為開放的政黨會以政教合一的中東政局為鑑來提出反對，而來自西方的價值觀和伊斯蘭教義仍在拉扯著土耳其人。

在艾米諾努（Eminonu）岸邊等待上博斯普魯士海峽遊船前，於街角點了杯特有的土耳其咖啡。不同於傳統咖啡，土耳其咖啡將手工研磨的咖啡粉直接加入熱水中熬煮攪拌，煮完未經過濾，飲用時會喝到濃厚的咖啡渣，喝久了還滿像在喝中藥。喝完的咖啡底渣可用來算命，據說是土耳其女生的必備技能。

拜占庭與阿拉伯混搭

漫步在博斯普魯士海峽岸，忽然身旁香味四溢，一些打扮成海盜船和水手的店家在岸邊販賣烤魚三明治，只見熟練的師父將鐵板上鯖魚排烤得吱吱作響，炒切片洋蔥產生的油煙像變魔術般四處飄散，飽滿的麵包夾上所有配料、香料，最後再淋上特製的檸檬醬，土耳其必吃的烤魚三明治就完成了。土耳其身為世界三大菜系，香料表現自然不在話下，連岸邊的小吃都不含糊，吃下帶有幸福感的三明治，也可以享受遊船了。

蘇丹艾哈邁德清真寺（Sultanahmet）

　　航行在博斯普魯士海峽，左邊是歐洲，右邊是亞洲，船在湛藍的海緩緩向前，可以眺望遠方莊嚴的奧塔科伊清真寺、多爾瑪巴赫切宮，亦穿越橫跨兩大洲的博斯普魯士大橋。正如愛爾蘭詩人葉慈（Yeats）的作品《航向拜占庭》中，對伊斯坦堡的瑰麗藝術氣息和歷史氛圍深深著迷，而投射自己對藝術之臆想於壯闊的博斯普魯士海峽中。船上的微風徐徐，海鳥伴遊，我也彷彿融入海峽之中，溫暖地擁抱歐亞兩洲。

　　來到了伊斯坦堡，不能錯過的就是被稱譽為「藍色清真寺」的蘇丹艾哈邁德清真寺（Sultanahmet），藍色清真寺內的彩釉瓷磚來自土耳其安納托利亞區西部城市伊茲尼克，白色陶土經過藍色釉料妝點組合成馬賽克，鑲嵌在清真寺的圓頂和牆面，從寬大窗戶照入的自然光落在深紅地毯上，顯得莊嚴肅穆。

經過許多不同帝國佔領的土耳其，清真寺建築混合早期東羅馬帝國的拜占庭文化和鄂圖曼帝國的阿拉伯文化，將東西方橋樑角色詮釋得淋漓盡致。進入藍色清真寺，女性需包頭巾，若是穿短袖則需要披上方巾遮蔽，亦不能穿短褲入內。清真寺中央懸吊著巨大吊燈，將穹頂上的可蘭經文反射得晶亮，精美細緻的瓷磚拼湊搭配著土耳其國花鬱金香，就像鬱金香花語，代表著勝利和美好。藍色清真寺是眾人心靈寄託，也像是土耳其的心臟般在美麗的伊斯坦堡跳動。

香料市集（Mısır Çarışı）中色彩斑斕的瓷器

交織融合獨特風味

走進了香料市集（Mısır Çarşısı），如同以清真寺為主軸開展出去的市集、土耳其浴場、學校及醫院，香料市集也圍繞著清真寺分布。關於市集起源有一說是鄂圖曼土耳其帝國盛世時，往埃及絲路的終點站，所以亦稱為埃及市集。

土耳其的菜色以香料為重心組成不同的嗅覺與味覺來豐富食材的口感，像是釀造多年的葡萄酒，以多層次的酸味含甜味交織在舌尖而構成的組合性美感，香料的使用也有箇中奧妙。市集陳列著西西里漆樹鹽膚木、石榴醋醬、番紅花、茴香子等色彩鮮豔的香料，乾果也琳瑯滿目，還有土耳其紅茶、蘋果茶多樣選擇，四方來客到此就停不下購物，紛紛想帶點土耳其特有的味道回去。

電影《香料共和國》描述的故事就像土耳其香料般在味覺交織，構成特有的美麗風味。伊斯坦堡，因為獨特的地緣因素，交織來自歐亞和地中海的神話，融合成獨特的人文，有幸品嚐，是一生難得的體驗。

—— 本文刊載於 2016 年 5 月 30 日台灣教會公報 3353 期

庫德族：一個生活在中東地區的遊牧民族，總人口約三千萬，最近有獨立建國的聲浪，但其聲稱的領土為土耳其、伊拉克、敘利亞、伊朗境內，尤以土耳其反對聲浪最大

土耳其　卡帕多奇亞堡 ——
忘情地下異世界

　　土耳其每個景點都讓人忘情，但最讓
人覺得置身異世界的當屬中部的卡帕多奇
亞（Cappadocia）。位於板塊交界的土
耳其，地震、火山爆發頻傳，板塊推擠造
成岩漿上升到地面噴發，不同酸度的岩漿
噴發後互相交疊成不同岩脈。加上卡帕多
奇亞地中海型氣候內陸的酷熱和酷寒，岩
石破碎風化和水流侵蝕，形成了火星般的
環境，《星際大戰首部曲：威脅潛伏》中
安納金天行者賽車比賽就是在此取景。

　　被許多土色岩山包圍的小鎮格雷梅
（Göreme）位於卡帕多奇亞中心，許多
當地旅行社皆設計紅、藍、綠、黃線等特
色旅線，以小鎮為中心輻射狀的方式旅
遊。我們入住一家在岩柱上鑿洞、仿舊時
居民居住的山洞民宿，步行到鬧區只要5
分鐘，是很有特色的住宿點。

格雷梅（Göreme）小鎮

淋漓盡致土耳其浴

　　晚上，經土耳其朋友推薦，我們打算體驗一下有名的土耳其浴。據說穆斯林進入清真寺需清潔身體，這羅馬帝國留下的公眾浴池便成了社交的場所。在類似日式澡堂的櫃檯繳完錢後，服務人員領我們進去更衣，走進了烤箱中，先讓身上的廢物代謝出來。約莫半晌，大家魚貫地移動到浴室大廳，側廳旁邊有幾個噴泉似的洗臉台持續流動著，大廳的穹頂鑲嵌著伊斯蘭風格的彩色磁磚，中央則是以大理石製成的平台，整個浴場熱氣瀰漫。

　　隨後，有個渾身胸毛的土耳其大叔用勺子把溫暖的熱水倒在我全身，吩咐我躺下，並開始拿著叫做 Kese 的手套幫我搓澡，Kese 雖不若砂紙，但是也不光滑，身上的皮屑像被嚇著一樣紛紛驚慌失措掉落，原來這就是人工去角質啊！

　　大叔又倒了熱水把污垢沖去，開始用白色的大毛巾打出超大泡沫塗抹在我身上，正面清潔後換背面。最後則是大叔式的按摩，左搓右揉的，或打或搥的，讓我有化為砧板上的肉塊被大叔熟練地料理著之感……最後，嘩啦嘩啦的熱水沖下，結束了整套土耳其浴。

　　坐在浴室外，啜飲著土耳其茶，心想今晚的皮膚雖不能稱上滑如凝脂，但也真的清爽無比，差點就像電影《羅馬浴場》的阿部寬穿越時空回到了古羅馬。

蟻穴古城地貌

蟻穴古城代林庫尤

　　隔日，一行人租車前往綠線的代林庫尤地下城（Derinkuyu），在獨特的氣候和地形下，鑿洞而居已經不稀奇，卡帕多奇亞有 30 幾個地下城，可容納上萬人，據聞是 9 世紀時，基督徒為了躲避阿拉伯人在地下建築出來的驚人洞穴。我們參觀的地下城有 7 層，如蟻穴一樣蔓延整片荒漠。沿著階梯往下移動，城中四通八達各有特色，不僅有獸畜臨時安身的馬槽和食槽，還有禱告室、教堂、酒窖和通風水井。窄小的通道旁有大石子可隨

熱門的熱氣球飛行

時防止阿拉伯人湧入，是個適合防守的地下堡壘。在地下城中，通風有限，所以氧氣量相對較少，加上裡面阡陌分支太多，要把全程走完其實並不簡單。不自覺好奇著，若是在地下城內烹調、如廁，產生二氧化碳及消耗氧氣又該如何生存？不同於蘇格蘭舊城區的地下街道，地下城是沒有陽光透入、真實穿越地表的土城，這使城內更顯神祕，是否曾經有奇幻的故事在此交織，則不得而知。

我們在卡帕多奇亞小鎮中穿梭購物時，偶然看到幾位衣衫襤褸的遊民在街頭乞食，「他們是敘利亞難民！」土耳其友人如是說。躺臥在地中海沙灘上的小男孩畫面閃過腦海。原來不僅地中海沿岸，土耳其內陸也有敘利亞難民，因為土耳其東南方與敘利亞相連。有些人將敘利亞難民簡化成中東問題，其實太過武斷。政府什葉派與非政府遜尼派間的對立也許扮演一定角色，但恐怕最嚴重問題是西方勢力和阿拉伯海灣國家為了利益介入與意識形態的對立。

我們無從了解什麼樣的群眾暴力會以互相毀滅為目的，唯一能做的事情就是祈禱。傍晚的晚禱經由小鎮的廣播器傳送，祈禱的梵音再次劃破寂靜的天空，我想起東羅馬帝國王皇帝希拉克略說的：「美麗的敘利亞，永別了。」但我始終相信在伊斯蘭國家他們祈求的是和平，而不是戰爭。

—— 本文刊載於 2016 年 6 月 6 日台灣教會公報 3354 期

土耳其　博德魯姆、安塔莉雅——
土耳其藍色公路行

　　土耳其南方的地中海城市，近年來轉型成觀光都市，憑藉明媚的陽光、波光粼粼的大海，希臘文明歷史古蹟成了都市人逃離喧囂的世外桃源，於是我們選擇了位於土耳其西南角的博德魯姆半島（Bodrum）作為首次親近地中海的初體驗。

　　博德魯姆的對面是希臘的科斯島，兩國來往頻繁，博德魯姆建築因此有濃厚的藍白希臘風，故又有「小希臘」之美名。隨著觀光業的盛行，整片城市的山頭一眼望去都是雪白無瑕的旅舍高低交錯，有種連山都是白色的錯覺，據說白色的建築物在炎熱的夏天有防熱之效。一旁沙灘棕櫚樹葉隨風飄盪，搭配金黃色的沙灘，讓人心情瞬間放鬆。

　　計程車在山頭蜿蜒而行，我們抵達了一間有泳池的家庭旅館。淡季到訪的旅舍似乎訪客不多，身材豐腴的老闆娘走出門口迎接我們，展現了土耳其人特有的熱情。

博德魯姆半島（Bodrum）港灣

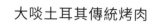

大啖土耳其傳統烤肉

留宿的家庭旅社有提供餐點，因為距離鎮上餐廳有段距離，經考慮決定在旅舍用餐。一行人經過舟車勞頓，都飢腸轆轆，馬上點了土耳其傳統烤肉來大快朵頤。

土耳其傳統烤肉叫做 Kebab，傳說這道餐點是土耳其士兵在曠野中用劍串起烤肉而發明，經由多年的發展演進，Kebab 的料理方式多元，像是傳統羊肉串 Kebab；烤後跟蒜頭、香料一起拌炒的 Kebab；烤過封在陶罐中的 Kebab；還有類似台灣夜市，將層層肉塊貼在鐵柱上燒烤的沙威瑪 Kebab，時而搭配碎甜椒、優格、茄子、洋蔥，組合成不同的口味。服務生端出的陶罐 Kebab 上放了一顆在燃燒的蕃茄，隨後香味撲鼻的烤肉傾罐而出。吃著清新甘甜的土耳其式牧羊人沙拉當開胃菜，搭配著溫熱的麵包和濃湯、陶罐 Kebab，今晚的胃得到了最美好的禮物。

悠閒搭地中海遊船

隔日一早，漫步到寶石藍的海港，海港邊各家旅遊業的船隻爭奇鬥艷，海盜船、天鵝船、軍艦船比比皆是。我們聽從了當地人的建言，多方詢價找到了一家價格低廉但遊船行程一樣吸睛的船公司，準備迎接地中海的艷陽。

遊船行程很簡單，就是開到六個地中海沿岸的點，停下來讓大家

藍色公路之旅

泡水、游泳，提供簡單午餐，大部分時間都在船上曬日光浴。來旅遊的歐美人士脫衣塗防曬，開始行光合作用，對於來自亞熱帶國家的我，不像終年斜日照的歐洲人一樣嚮往陽光。

　　駛在地中海上的遊船有種慵懶情調，9月的太陽很溫暖。歐洲人的假期很簡單；放鬆，海灘，陽光，就可以過了一天，不同於我們總是規劃了滿檔的行程，列了一長串必吃必買清單等著執行。看著湛藍的大海，嘗試模仿他們把自己陷入了柔軟的帆布墊中，找到了度假的節奏。

安塔莉雅（Antalya）商業街弄

土耳其的愛琴海地帶有個迷人的藍色行程（Blue Voyage）：從博德魯姆往東邊航行，行經馬爾馬里斯（Marmaris）、哥科瓦（Gökova）、費提耶（Fethiye）、安塔莉雅（Antalya）等海邊城市，是個適合樂海之人不能錯過之行程，雖時間因素無法搭乘，但光在博德魯姆的沿岸徜徉則已心滿意足。隨著船行，開到了清澈可見底，泛著土耳其藍的小港灣，船長示意我們跳下水盡情狂歡，於是大家紛紛發揮創意以各種荒誕的姿勢跳下船，融化在愛琴海中。經過 6 小時的遊船，回航時日已斜，橘黃色的晚霞照在十字軍東征後的博德魯姆城堡伴著我們歸途，結束了藍色公路之旅。

徜徉安塔莉雅舊城區

　　踏著地中海的蹤跡往東移動，有個古色古香的歷史小城安塔莉雅（Antalya）座落在土耳其中南方。用石塊堆砌排列而成的鄂圖曼及羅馬古建築是這座小城的重要特色，我們沿著鵝卵石地板沿路尋找藏匿在舊城區的民宿，好似電影《午夜巴黎》重現，在午夜鐘響，從舊城的一台馬車將我們帶回中世紀。古城牆旁酒吧錯縱，桌上一瓶白酒和蠟燭，隨處都變成浪漫晚餐。

　　舊城區裡也有伊斯蘭市集：巴札（Bazaar），除了民族風濃厚的針織地毯，還有土耳其馬賽克吊燈，和乾物、香料林林種種。但在土耳其購買紀念品十分耗時，觀光區的土耳其攤販有出高價的習慣，當你展現興趣時，他們才會慢慢地砍價，消磨你的耐性。在一來一往的出價攻防中，最終得到戰利品，所以為免行程延宕，索性

安塔莉雅（Antalya）舊城區

買了一些價格較為固定的蘋果茶、甜點，就往海港移動。從舊城區取道，可見到被古蹟包圍的小海港，由上方俯瞰像是一幅中世紀的風景圖，心情也跟著開闊起來。

身為地中海重點城市的安塔莉雅，除了舊城區外，還有很多遺跡遺落在這個城市裡，經過幾世代的宗主權轉換，融合了更多國家的元素，最後回到了土耳其手上。如果白色的博德魯姆道味道鮮明的主菜，那安塔莉雅必定是以各式佐料妝點，足稱味蕾的魔術師，與前者共同組成了土耳其的藍色海岸線。

—— 本文刊載於 2016 年 9 月 19 日台灣教會公報 3369 期

Part 3
中東・科威特

科威特南邊沙漠

科威特　沙漠煮咖啡觀夕陽

　　因土耳其朋友熱情的款待，未能掌握好飛往科威特的班機時間，結果就是為了趕上不斷廣播的 last call 而在土耳其的航廈飛奔，甫一步入艙門，飛機就開始移動，果然我成為最後一位上飛機的旅客。一路尋找座位，來自阿拉伯長袍後面的視線讓我不禁緊張了起來。直到坐下，才猛然意識到，自己即將前往沙漠風暴的中心：科威特。

飛機航行了許久，飛越伊拉克上方時，夜景並不像大城市般燈火輝煌，卻似一簇一簇營火分散在墨黑的布幕下。我私自描繪想像，白畫下的伊拉克，應是亮澄澄的黃沙布滿大地。伊拉克土地雖大，但重要的石油和天然氣資源卻貧乏。而位於波斯灣的科威特則憑藉優渥的黑金，在海灣六國中經濟實力領先群雄，也難怪90年代的動亂時期，伊拉克會趁勢入侵。

波灣風暴後的平靜

抵達科威特的班機是半夜一點，走出機艙後周圍溫度快速上升，9月的科威特仍非常炎熱，夜晚並沒有因沙漠輻射冷卻而有喘息，看了看溫度計：攝氏38度，我真的在沙盒了。科威特的海關比其他國家多了幾道安檢，不難聯想到最近中東的亂象和恐怖分子的活動，是應多加條防線。但弔詭的是，科威特的海關人員一會聊天，一會喝水，似乎沒有很認真在檢查行李和衣著。

清真寺

冷卻水源的飲水機 Sabeel

　　隨後友人來接機時才告知，波灣戰爭後十多年，科威特人因為有英美兩國駐軍而安逸了，儘管中東戰亂頻傳，但豐富的石油和假借名義保護的列強們形成了生命共同體，科威特人自己本身反而不太在意安檢的問題。友人接送的車子開在碩大的公路上，約有四、五條單行道寬，地上沒有畫行車線，彷彿開在 F1 賽車道上，許多跑車呼嘯而過。

　　聽說科威特人的冷氣沒有關過，因為白晝的高溫若沒有冷氣，很可能把人給烤熟。水龍頭打開的水仍有餘溫，如果要洗衣服的話得先把水放到洗衣機冷卻，才不會破壞衣服的纖維，許多不可思議的文化衝擊著我。

炙熱沙漠的熱情

　　科威特只是過境拜訪，友人建議我可以到南部的沙漠煮阿拉伯咖啡看夕陽，於是一行人驅車出發。科威特沒有太多觀光景點，但有長達一公里的購物商場，南北、歐美的知名品牌應有盡有，在波斯灣旁更有一片人造森林，有動物園和水族館，無法想像在這地竟可以用石油打造出如此奢華的綠洲，令人有恍如隔世的錯覺。

　　往沙漠的公路越來越窄，開車如果不小心偏離公路，就會陷入鬆軟的沙質地。不料友人車一轉，竟真的就卡在沙地，車胎越陷越深，一時之間大家不知道該怎麼辦，只得都下去推車。原以為富裕的科威特人不若想像

熱情的科威特人協助推車

中友善，怎知一輛路過的四輪傳動車停了下來，車主一手拿推車鍊，還有一台小巴士也魚貫跳下來一群人幫忙。穿著純白阿拉伯裝的大叔指揮若定，一邊加油一邊推車，車子緩緩離開了沙地，大家以不同的語言高興歡呼，好不熱鬧，頓時熱情洋溢在炙熱的沙漠。

中東複雜的對立

在沙漠中喝著未烘培過、加了荳蔻的阿拉伯咖啡，除了咖啡因一樣，味道是難以形容的生豆味。據說咖啡是從阿拉伯起源，經過不同的烹調、烘培處理，才成了街角熟悉的味道，但溯其本源，也許最原始傳統的喝法就在此。

再往南的沙漠是美軍駐地，遠望著基地，遙想著隨著波斯灣戰爭延伸的許多思想，美國說服聯合國動員的傳媒戰及東方主義，如今仍在此地發酵。列強各國的黑手於帝國主義擴張時伸入此地，不僅沒有解決遜尼派及什葉派長久以來的糾紛，反而更加深兩派之間的對立，於是有了統治與被統治者，隨之而起的阿拉伯之春更惡化了兩派之間的衝突。中東問題，複雜得無法容人置喙，只能期望上天給予和平。

最後一站來到波斯灣旁的科威特塔，波斯灣因著地理位置平靜地如一池湖水，在波灣各國的庇護下，絲毫感覺不到海特有的波浪。看著遠方的高聳大樓，是填海造陸後蓋出來的一片高級度假中心，正因海水平靜，造陸工程更為輕鬆，也唯有在紙醉金迷的石油國家，才能見到如此難以置信的花錢方法。夕陽西下，許多小孩在波灣玩水消暑，一道強風吹起了滾滾黃沙，原來只有用自己雙腳踏上這片土地，才知道「天方夜譚」中的純金皇宮是可能存在的。我忍不住幻想乘著魔毯，在微涼的夜晚悠然地飛過這片土地。

——本文刊載於 2016 年 6 月 13 日台灣教會公報 3355 期

地標科威特塔

Part 3
中東・巴林王國

Bahrain

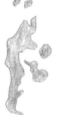

巴林王國　吸取石油的生命樹

　　《石油戰爭：石油政治決定世界新秩序》一書中，作者以石油特有的地緣政治觀點分析，自工業革命後，各國在帝國主義興起的資源競爭中經歷的議會外交、俾斯麥體系、二戰各國結盟及三次波斯灣戰爭，皆是圍繞著石油引發的風暴。像是有名的日本偷襲珍珠港，就被認為是二戰中國力較弱小的日本想要一舉拿下美國的瘋狂戰略：日本趁著美國忙於協助歐陸戰線，決心襲擊太平洋中繼站，孤注一擲摧毀並侵略美國西部油田。能想像戰爭中若能控制石油，則佔了優勝的先機。石油是經濟運作的基礎，啟動了各國的政治作為，直到有替代性能源出現之前，這場石油戰爭仍會繼續持續下去。

中東第一口油井

　　中東第一口油井在巴林被開採，當時殖民的英國扶持了位於油田附近的卡利法（Al Khalifa）家族成為酋長國王，這個因石油而掌權的遜尼派王室雖因阿拉伯之春有所動亂，但仍享有一國之統治權。友人如此形容，卡利法家族像是撿到路邊的橫財而致富，但慶幸的是，卡利法家族懂得惜福感恩，對於巴林境內的什葉派頗為友善，因而在動亂後仍能保有王室的權貴。

　　因開採得早及領土狹小，原油即將枯竭的巴林積極轉型，修改限制吸引外資，力圖發展自由經濟，形成中東經濟圈最自由的金融中心。但原有的產業鏈仍以石油為中心發展，以原油進行國際貿易，換取農產品和日用品。

中東第一口井「Jebel ad Dukhan 一號井」博物館

　　巴林的石油開採區為半開放式，位於巴林島的中南部，於是我們
循著黃沙漫天的柏油路前往開採區的石油博物館參觀。博物館旁有著
中東第一口井「Jebel ad Dukhan 一號井」展示，看著已變成裝飾
的探勘井和抽油機，幻想著在 1932 年第一次鑿油後拉開了波斯灣地
區大開發的序幕，一切的創始皆來自此，有種伊甸園的既視感。在石
油博物館對面仍有許多活躍的採油井，只見抽油機隨壓力上下擺動將
石油給拉出地面，像頭巨獸般勤奮地工作，造就了今日的巴林，不覺
對建設起國家經濟的重工業肅然起敬。

自由經濟新生命

在巴林的沙漠區中，有棵樹獨自矗立在金色沙漠中，當地人稱之「生命之樹」。生命之樹附近沒有任何植物生存，只有它在乾渴的沙漠中開枝散葉，帶給了旅客無限遐想空間。這棵樹在 1583 年種下，巴林人相信這裡曾是聖經中的伊甸園，這棵樹即是標記伊甸園的位置。許多軼事、傳說也因其獨特的存在而被流傳，但其實生命之樹是棵牧豆樹（Prosopis cineraria），根部往下可延伸 50 公尺，以致觸及地下水源。有些人比喻

生命之樹

生命之樹是巴林的精神，在沙漠中擔任拓荒者，也因此率先遇到石油國家註定會遇到的石油枯竭，但在如極地的艱苦環境下仍伸長了根往下扎深，努力生存，實在可以成為其他石油國家的典範。

　　身為自由經濟的先驅，巴林爭取了 F1 賽車的第一紙合約，將中東賽事首先排入賽程，於是在塵土飛揚的沙漠鋪起中東第一條跑道。德國建築師設計的賽道，同 F1 在各個國家都有精心設計的挑戰，內凹型的賽道有許多大彎道，且在中東比賽的車手得適應風速捲起之風沙落於跑道上而減低的抓地力，不同的迎風面跑道也帶來沙塵襲擊。F1 的賽程不但增加地區經濟的活絡，似乎也是在對賽車動力泉源石油的故鄉致敬呢！因為參觀的時候剛好是非賽季，僅能從單一方向的觀眾席看到起跑點，但仍能想像在人聲鼎沸的賽車場，引擎聲嗡嗡作響，賽車以音速姿態衝過眼前的震撼。在賽道旁的紀念品店販賣著每年在巴林舉辦賽事

F1 賽車場

愛爾達群島（Aldar island）

的車牌和海報，亦展示 F1 各家好手在巴林賽道的成績，細心一看，才發現車神舒馬克（Michael Schumacher）也有在巴林跑過，但成績似乎不太理想，可見巴林賽道連車神也不容易征服呢！

可以穿比基尼的自由國度

積極轉型的巴林王國在觀光業下了許多功夫，譬如台灣進中東國家仍有許多限制，女性遊客簽證更是難上加難，但在巴林都很容易，線上申請電子簽證就可進入。巴林許多離島也砸重金經營度假中心，我們乘著小船飄飄蕩蕩來到中部外海的離島愛爾達群島（Aldar island），是個迷你的白沙小島，配著棕櫚樹和躺椅，平靜的波斯灣在陽光下倒映著一片湛藍，許多外國遊客換上了清涼的泳裝爭相嬉戲，實難想像在保守的中東國家可以見到如同夏威夷的景象。時間將晚，夕陽斜照，海平面染成一片鵝黃，一天的熱浪終於完結，我們體驗了沙漠的各種情境，也終於滿足。

近日的中東，隨沙漠下的黑金一夜致富，在荒原築起金色巨塔。在能源危機的現代，許多替代綠能、生質能源仍在研究開發。巴林是首波面臨能源危機國家，許多經驗可供海灣各國作為借鏡。也因為能源的枯竭與自由化，中東常見的武裝組織問題並不存在巴林，中東的複雜化與追求和平，若循巴林的脈絡來尋，勢必能找到一道曙光。

—— 本文刊載於 2016 年 6 月 20 日台灣教會公報 3356 期

巴林王國　波斯灣珍珠

　　電影《腳踏車大作戰》是整個中東國家的縮影，女性地位低下，甚至
教義較為嚴謹的國家立法規定女性不能單獨在家、駕駛汽車。中東女性的
傳統服裝 Abaya 有幾種穿法，不同的點只在臉露出的多寡，若更為保守
的國家，連女性的眼睛都用薄紗包著，完全沒法知道其長相。儘管只是個
旅人，但身在其中，仍隱約感受到無法一吐為快之壓迫感，於是這份壓迫
感則不自覺的與西方文化帝國主義建立的刻板印象做連結，將恐怖份子這
不妥當的詞彙放在心中。但一切的枷鎖都在進入了巴林王國得到了緩解。
巴林，因著石油逐漸枯竭而積極轉型自由經濟區、經貿中心，來自各國的
人聚集在此，帶來了更為開放的民風，不同於科威特的肅殺氣氛，著實讓
我精神不再緊繃。更有甚者，在過了海關之後，友人買了一箱啤酒帶上車，
這是在封閉的回教國家不可能見到的事情，莫怪許多嚮往自由的中東人都
移民到巴林來。

波斯灣的珍珠港

　　許多人對於巴林充滿著陌生，但台灣巴林之間的經貿往來頻繁，兩國
關係良好，早期有台灣直飛巴林的航班，更有駐巴林農業技術團派駐，協
助景觀設計及蘭花種植，台灣農業在他國發光發熱。

　　來到巴林的第一站，參觀了巴林國家博物館，館內展示了巴林早期的
產業是從採收野生珍珠起家。富含礦物質的海流交錯在巴林的海床，醞
釀出純淨如天使眼淚的珍珠。雖然後來被養殖珍珠的大國取代了市場，但
設立於市中心的珍珠廣場仍述說著早期金碧輝煌的故事。在石油被發現之

前，巴林的居民行著漁獵的生活，隨著伊斯蘭教傳入，特有海灣回教國家孕育出許多巴林特有的文化。像是海邊的 Baraha：以砂石堆積及地毯圍出的小方塊區是當地人捕魚工作後的聚集點，大家或坐或臥在工作後喝杯阿拉伯咖啡抽抽水煙，閒聊家常事，形成一個休憩的小聚落。其實在阿拉伯國家中也有類似地方隱身在街角，擺上一兩張方椅子地毯，就形塑出供大家交換意見，促進感情的小角落。不同的是，巴林人以濱海的形式呈現。在這暮鼓晨鐘的伊斯蘭國家，早晚都要朝拜，佇立在波斯灣邊的清真寺昂然挺立，正如巴林迥異於海灣六國的奢華，積極的轉型金融中心，改變大家對於石油國家的刻板印象。

海邊的 Baraha

沙漠之舟也跟著轉型

旅行的途中，拜訪了皇家駱駝農場，以前肩負重任的沙漠之舟，也隨經濟轉型退居幕後。成群的駱駝被豢養在王室的農場中，當地人視養駱駝為尊貴、富貴的象徵，駱駝在農場中不做肉用，只被飼養著安享晚年。農場的工人遞給我們一些乾草來體驗餵駱駝的快感，只見欄裡的駱駝爭先恐後向前討食，模樣甚似可愛。農場後方還有販賣駱駝乳的小販，因好奇買了一袋來嚐嚐，原以為駱駝乳高貴且體味濃厚，但才知價格親民，口感清爽沒有腥味，似乎因沙漠動物的特性，乳脂含量較少但仍能接受。

甜如約會的椰棗

隨後友人帶我們到回教國家的市集：巴札（Bazzar），巴札是阿拉伯文化對集市、市場大廳的總稱，源自波斯文字。巴札通常有頂蓬，許多販賣手工藝品、甜點、香料、批發零售商匯集，形成聚集經濟，而這常出現在清真寺附近，共同構成宗教，生活小聚落。除了色彩繽紛的地毯和織品、如萬花筒鑲嵌而成的燈飾、五顏六色的香料外，專屬熱帶沙漠氣候的甜點：椰棗值得特別介紹。這株綠色金子是少數能在熱帶沙漠氣候存活的植物，椰棗樹生產的果實據說有助產、新生兒下痢，老人營養補充等多種療效。剛採下來的椰棗似檳榔，這時不宜食用，需在室溫放置一陣子待椰棗果實糖化分解，此時果實會變得非常甜膩，所以椰棗的英文又叫做「Date」，有約會甜蜜滋味的意涵。精品店賣的椰棗常常還會用巧克力或糖粉包裹，甜份非常非常高，在齋戒月需忍受飢餓時，食用一顆可以快速獲得多種營養，隨著氣候、宗教、文化，椰棗在中東佔了重要的角色。

王室駱駝農場

椰棗（Date）

　　走入中東，逐漸掀開了神秘的面紗，固然國際現勢中不同於傳統軍事的武裝組織皆來自中東，帶給這社會恐懼。但政教合一的伊斯蘭國家靠著虔誠如一的傳統，在中東各個地區努力生存著，像是巴林王國發展出特有的海灣文化。若以西方世界的角度來定義難免太過武斷，唯有互相了解方能解開疑惑。在自由的國度巴林，可以緩緩的認識中東，拿掉固定在眼中的樑柱，必能更認識世界。

Part 4
大洋洲

NAURU

白澈沙灘

諾魯共和國　赤道交響曲

　　筆者曾於 2011-2012 年派駐台灣友邦諾魯共和國，以計畫助理方式執行兩國合作畜牧計畫：養雞、養豬計畫；以下為太平洋島國之見聞。

　　我臥坐在一週起降一次的機場，夜風流竄於林野間撫得椰樹韻動，枝枒嘎然作響；海浪潑灑在沙灘嘈聲隆隆，運氣好時靛黑色的天空會清澈的像鏡面湖泊，繁星掉落在漩渦銀河中，架起了黑幕，演奏起南島特有的戶外交響曲。

奏鳴曲 —— 海味之歌

　　孤獨矗立在赤道橫線上的諾魯共和國（Republic of Nauru），以海為家。白晝退潮時，可以沿著白澈的金沙灘跨入藤壺藻華蔓生的潮間帶，躲藏在礁岩中的螺貝俯拾即是，簡單的熱水蒸煮，螺肉鮮甜帶有些許海水的鹽漬味，就可以變成一道美食的佳餚。

搭上動力小船沿著近海駛行，可用假餌拖釣式的誘捕黃鰭鮪魚和旗魚；有時正當魚群咬上魚鉤而暗自竊喜時，洋面下身形矯健的海豚會瞬間竊走戰利品，並翻騰在咫尺可及的水面，以健壯的尾鰭潑起粼粼的波光，並在炫耀後留下一瞥驚鴻。漁人會準備一張大網來回撈捕迎風滑翔的飛魚，並當場開腸剖肚、沾點醬油享受最甘甜的海鮮。夜色來臨時，可以提著手電筒迷走在黑魆的海岩中，成群的螃蟹盤據在岩壁上，戴上麻布手套便可唾手抓取，儼然是個討海人的生活體驗。搭上動力小船沿著近海駛行，可用假餌拖釣式的誘捕黃鰭鮪魚和旗魚；有時正當魚群咬上魚鉤而暗自竊喜時，洋面下身形矯健的海豚會瞬間竊走戰利品，並翻騰在咫尺可及的水面。

慢樂章 —— 淘金傳奇

書籍上記載為「可愛的島」（Pleasant island）是世界最小的島國，經由板塊的推擠生成，二次大戰時曾被日本佔領為南太平洋戰場的技術支援基地，並帶來大批日本人及韓國人。而今搭乘四輪傳動的工程車，如歷史巡禮穿梭在遮天蔽地的茂密叢林中時，仍可見日軍殖民遺下的監獄和對空砲台座落在高聳質理堅硬的山尖（Pinnacle）之間，宛如先人點綴在叢山間的裝飾品。而諾魯擁有表層的磷礦可露天開採，於 1900 年代藉磷礦出口一度竄升為世界人口平均收入第 2，僅次於沙烏地阿拉伯。盛極一時

廢棄的磷礦輸送帶

的淘金熱吸引南太平洋其他島嶼的居民前來採礦，甚至從廣東沿海遠渡重洋的中國人也不在少數。沿著砂石路往島中央行走，便可見磷礦黃沙成山的堆疊和砂石篩粒場隱匿在碧綠的長廊中。過度開鑿的地貌尖石遍佈，若仔細的探看，上面還鑲有板塊推擠上升後的珊瑚化石。

小步舞曲 —— 庶民嬉戲

　　將晚的山間，當地人會爬上山崗播放雛鳥和母鳥的錄音帶，藉烏黑的夜色吸引迷航的黑燕鷗（noddy bird）前來，用特製的大網捕食。這是典型的當地娛樂，看著他們的網子瞬起瞬落，鳥就落入網子中，佩服之意油然而生。說到鳥吃起來味道如何？老實說我一直沒有勇氣去嘗試。經由當地人的指引，穿越過幾間民房到了類似後院的祕密基地，鐵欄圍籬成的競技場旁站著兩隻磨刀霍霍的鬥雞。旁邊一個小桌子前，澳幣堆積成山，他們藉鬥雞賭博營利，且規模不小。等投注結束後，鬥雞的主人用清水潤洗了牠們毛髮，並放置場中。哨聲響起，大戰隨之開始，兩個背負眾多彩金的戰士騰空對戰，拍打的塵土大作，互有攻守。約莫半晌，其中一隻逃出了場外而宣告結束，雖然過程看似暴力，但其實在勝負的決定上比想像中溫和。

傍晚嬉戲

諾魯孩童

終樂章 ── 信仰合一

　　島上教堂林立，是個以基督教為主的島嶼。我緩步走進位於島上東邊 Meneng Hotel 中的國際教會，因為以英文做主要的講道，故許多因為工作來此的會友都喜歡來這聚會。在這裡彷彿置身聯合國中，牧師是來自所羅門群島（Solomon Islands），長老來自菲律賓，從巴布紐幾內亞（Papua New Guinea）來的傳道主持禮拜，斐濟（Fiji）來的媽媽帶領敬拜讚美，吉里巴斯（Kiribati）來的小孩遞領奉獻袋，偶爾澳洲的高專（High commissioner）也會來此商談政治，吐瓦魯（Tuvalu）的主婦負責禮拜後的午餐。因著上帝獨一無二的安排，我們一起在聖誕節吟唱詩歌讚美主、跳舞宴會、排練演戲，那巴別塔的隔閡似在歡笑中渾然崩解。

　　漫步在微風吹拂的島上，竟有種武陵人誤入桃花源的錯覺。正當我忖度該以怎樣的姿態來接近這個與台灣大相逕庭的尷尬時，皮膚黝黑的孩童拿著椰殼邀約你玩英式橄欖球，那童稚而澄澈的笑靨也融化了你不知所措的楞然。天空的雲層開始堆疊聚集，擠落了午後的滂沱大雨；但此時不用擔心酸雨侵蝕，儘管渾身濕透的駐足在雨中，也讓我憶起了小時候穿著雨衣穿梭在農村陣雨中的情景。當隻身前往，那慵懶的長假已經開始。

── 本文刊載於 2012 年 5 月 7 日台灣教會公報 3141 期

諾魯共和國　諾魯的小小戰役之獸醫雜記

　　天空是無限遼闊的濃郁湛藍，斜照的朝日藉晨光將大地撲上一片金黃，映照在農舍顯出細微的水泥質理，斜照的暖光烘烤著我的背脊。遠方籠舍傳來悠悠的雞鳴鳥叫，伴隨豬隻的啼叫聲，劃破了清晨的寧靜，一日的起始和勞動就此展開。島上人民純樸安詳，總是不吝對來自台灣的我們展現最燦爛的笑靨，這裡是赤道下方最閃耀的一顆星，世界最小的島國：諾魯。

動物健康保衛戰

　　位於島上東北方的 Anabar 農場是台灣技術團與諾魯工商部（CIE）的合作農場。對於大部分糧食和日用品都需要進口的諾魯來說，進口替代無疑是紓緩經濟壓力的方式之一。台灣技術團畜牧計畫的主軸在於畜牧技術的傳承以及協助推廣家庭園圃豬隻及雞隻的飼養，並且以農場穩定生產的雞蛋來替代雞蛋進口。

　　Anabar 農場除了提供優良仔豬的繁殖場外，還飼養上千的蛋雞提供島上居民新鮮的雞蛋。但無數的病原如刺客無聲無息的襲擊，病原伺機而動，讓感染傾巢而出地在牲禽傷口上蔓延開，重擊當地農民的產值，他們的禦敵武器是在我手提醫藥箱中的針筒與藥品。身為島上唯一的獸醫，島上的巡迴診療是每日的固定行程，農戶透過向農場經理人 George Tagamoun 求助，聯繫我前去看診。

　　因當地人豢養動物的習慣尚未培養健全，環境和飲食常造成牲畜原因

Anabar 農場仔豬和蛋雞

不明的生病或受傷,坑坑洞洞破損不堪的籠舍使豬群的蹄部傷痕累累,有些農戶甚至沒有欄舍圍籬,所以常見豬群以慵懶的姿態躺在街角或出現在馬路上。農戶餵食營養價值貧瘠的樹葉和剩飯使小豬飼料換肉率難以提升,營養不均造成免疫力不佳也提供病原擴展版圖的機會。另外,環境不潔好發的疥癬、細菌性下痢以及散發性的外傷、骨折層出不窮,雞隻因慢性呼吸道疾病和傳染性可利查(Infectious Coryza)的感染爆發也嚴重威脅著動物的健康。但抗生素和維生素絕對不是保命仙丹,要是無法徹底從飼養管理的推廣和教育做起,疾病恐怕只會前仆後繼的趁虛而入。

承先啟後 教學火炬傳遞

所幸太平洋聯盟(Secretariat of the pacific community, SPC)於 2011 年在諾魯 Public Health Center 舉辦島嶼國家的獸醫佐(para-veterinarian)培訓,就如培訓早期台灣獸醫佐所需的技能一樣,其課程包括動物構造生理學、急慢性感染處理、飼料營養與環境管理、輸出入口

台灣駐諾魯大使館青年大使團活動合影

防疫檢疫管制和藥物使用準則。因為前屆役男的貢獻投入，使得自己有幸能夠參與到最後的評鑑考試，除了幫忙培訓人員複習醫療應有的觀念，也擔任口試委員來審核這次緊密訓練過程中的學習成果。

原以為島上人民樂天知命的個性會影響學習的效率，但他們積極的提問和討論器械與藥品的使用方針使得教室中瀰漫著濃厚的書香氣息，這也是我始料未及的。擔任口試委員的過程中，檢視了獸醫佐未來面對臨場狀況的反應和身為專業人員所具備的知識，發現許多認真的學員不但取得了近滿分的成績且對於疾病的處理已熟能生巧。最後完成評比階段，大部分的學員都取得了獸醫佐的證明，這輕薄的一紙證書，承載了諾魯動物健康的能量和學員對提升生活品質的夢想。

儘管台灣於諾魯的畜牧計畫已行之有年，且於每年固定舉辦六次的研習班提供參與農戶關於疾病與飼養的相關資訊，但欲掃除深植人心的傳統養殖方式還是困難重重。我期望藉由巡迴診療中所累積的經驗和病例來作為推廣農戶正確飼養觀念和方式的素材，也希冀所有獸醫佐和諾魯政府能夠持續致力於培訓推廣和維護動物的健康，畢竟「知識」永遠是無聲卻最堅實的力量。

正當我認真的思考一些瑣事時，農場經理人 George 的電話又默默響起了…

—— 本文刊載於 2012 年 4 月 13 日國合會電子報 145 期

Part 3
美國·德州

古蹟阿拉莫（The Alamo）

美國　美墨歷史的長廊──聖安東尼奧

　　美國的南方有獨特的文化和歷史背景：歐洲殖民時期的建築、早期的奴隸制度，以及美國內戰的愛恨情仇。我以德州為起點，往東穿越南方數州，朝美國最南端前進，想體會電影《幸福綠皮書》（Green Book）中美麗海岸線的情調，沿途探看浪漫迷人的風景。

　　美國南方德州的街頭或商家常見特有的「孤星州旗」（The Lone Star State）飄揚，我第一次看到誤認為智利國旗。白藍紅色塊鑲著星星的旗幟，代表短暫存在於北美洲的德克薩斯共和國（Republic of Texas），背後是 1836 年血淚斑駁的獨立戰役──對抗墨西哥獨裁政府的阿拉莫戰役（Battle of the Alamo），至今仍被許多美國人認為是自由、勇氣和犧牲精神的象徵。多年前，我到一位美國長輩家作客，他聊起 1960 年代以此戰役為主題的電影《圍城 13 天：阿拉莫戰役》（The Alamo），兀自激動不已。

　　我美國南方公路之旅的第一站，即選定戰役城市──聖安東尼奧（San Antonio）。

百年蒙格爾酒店

在德州，聖安東尼奧是僅次於休士頓的第二大城，也是富有西班牙殖民特色的美麗城市，昔稱阿拉莫。17 世紀的西班牙探險者到達此地時，正值天主教聖人「帕多瓦的聖安多尼」（Saint Anthony of Padua）的紀念日，因此將此地名為聖安東尼奧。這裡以古蹟阿拉莫要塞為中心，聖安東尼奧河貫穿其中，曾在美國經濟大蕭條時期募資改進城市景觀，以刺激觀光旅遊成長。河道經多次修建後，沿岸風光如詩如畫，有許多大小船運公司在此經營導覽，被稱為「美國的威尼斯」。

我選擇入住阿拉莫要塞旁的百年旅館蒙格爾酒店（Menger Hotel），就近探索古城之美。1859 年開張的蒙格爾酒店，是蘊含綿長美國史韻的州內最古老旅館，和阿拉莫要塞有深刻的淵源。阿拉莫戰役後不久，德國移民威廉・門格（William Menger）在此開立釀酒工廠，之後將釀酒工人的公寓擴建，連結工廠後轉型成旅館。一開始這間旅館以河邊的野味料

搭乘簡易水上巴士瀏覽河濱風光

観光河道（River Walk）

美國總統羅斯福
（Theodore Roosevelt）銅像

理聞名，南北戰爭後許多軍人喜愛到此停留，口耳相傳之下成為軍人的驛
站。這裡甚至曾兩度接待美國總統老羅斯福（Theodore Roosevelt），外
頭設立了一尊騎在馬匹上的總統銅像。

　　蒙格爾酒店經過多次翻修，左右側翼建築的擴建和大廳內挑高給予古
老的房子新的靈魂，在 1976 年時註冊為阿拉莫歷史街區的一部分。與其
說這是一間旅館，不如說是一家博物館，除了有西班牙殖民風格的接待廳，
長廊也陳列各式美國早期的陸軍武器和軍裝，和美國各時期的歷史相冊，
旅客可在此走過一趟歷史巡禮。

　　走出蒙格爾酒店，著名阿拉莫要塞的城牆便近在咫尺了。用土塊磚瓦
堆疊的阿拉莫要塞原是一個傳教站，四方的圍牆是堅固的防禦工事。遠遠
望去，可見到經過部分整修的殘存教堂，也是阿拉莫要塞的主要建築物。

獨立要塞阿拉莫

在美國人心中，阿拉莫戰役的重要性可說是僅次於珍珠港事件。原為墨西哥領土的阿拉莫住著許多美國移民，1833 年墨西哥強人桑塔·安納（Santa Anna）出任總統，強行解散議會，廢除聯邦制度，並取消各州政府，實行中央集權獨裁統治。原墨屬德克薩斯州拒絕妥協，帶領 200 多名民兵和志願軍抵抗前來鎮壓的 7000 多人墨西哥軍隊，苦戰 13 天後一度被墨軍占領。

經此刺激，德克薩斯軍以「莫忘阿拉莫」（Remember the Alamo）的口號再起，終而取得勝利，建立德克薩斯共和國。雖然如今阿拉莫要塞城牆斑駁老舊，已無防禦功能，但此戰役的精神影響深遠，可以看到許多導遊慷慨激昂的介紹，充滿愛國情操。

之後我沿著聖安東尼奧的河步行，找到碼頭，搭上簡易水上巴士瀏覽河濱風光。此河道總長 24 公里，貫穿整個城市，富有生態、文化、城市特色。許多餐廳、旅館和咖啡店傍運河而生，古典的西班牙式露天舞台有各式樂隊彈唱。途經市集廣場（Market Square），號稱全美最大墨西哥市集，各式銀製品、彩陶、手工鐵製品琳瑯滿目。因為河道不寬，到某些狹窄處時，船隻必須互相禮讓和打招呼，頗有樂趣。

德州的城市沒有大都市的緊張和高聳的水泥叢林，取而代之的是南方的熱情與緩慢的生活步調。行走在馬車奔流的小鎮，吃著南方有名的炸雞，我就像翻著一頁頁歷久彌新的篇章，在這熔爐般炙熱交融的國家走過歷史的長廊。

——本文刊載於 2021 年 1 月 18 日台灣教會公報 3595 期

美國　休士頓太空中心——飛向人類的未來

「休士頓，我們遇到問題了！」（Houston, we have a problem）這句經典台詞來自 1995 年電影《阿波羅 13 號》（Apollo 13），講述 1970 年 4 月功敗垂成的阿波羅 13 登月計畫，啟發無數人對太空的想像。

在美蘇冷戰催化下，人類對世界的探索逐漸進入太空。1962 年，美國總統甘迺迪（John F. Kennedy）為說服人民支持阿波羅計畫，在萊斯大學（Rice University）發表演說，他提到：「我們選擇登月，不是因為它簡單，而是因為它困難。」可惜的是，一年後他即遇刺身亡，沒能看到 1969 年 7 月人類第一次登月成功。

進入遙遠、未知、無重力的外太空，曾被視為最難達成的夢想。人們也許能登上喜馬拉雅山，下潛到馬里亞納海溝，但太空無氧、高輻射的非

人環境始終像座高牆擋在前方，直到阿姆斯壯等人搭乘阿波羅 11 號登陸月球，才揭開那漆黑的神祕面紗。

台灣近幾年也成功委由美國發射了自製的福衛五號和七號，雖然落後多年，但冒險犯難的研究精神開始延燒。交通大學前瞻火箭研究中心主任吳宗信主持的載人火箭計畫仍在持續努力，期望有天可以發射台灣自製的火箭。而我公路之旅的第二站，即造訪位於休士頓東南角的休士頓太空中心（Space Center Houston），見證人類的太空進化史。

太空任務控制中心

1992 年落成的休士頓太空中心位於美國太空總署（NASA）研究營區的一隅，是一座展示汰舊太空梭、舊時聯絡站和月球礦石等寓教於樂的博物館。營區內的太空計畫研究廠區未開放，約 1 萬 4000 個太空科學家和工作人員在此進行太空科學相關研究。

我開車前往休士頓太空中心，從遠方路口即可見到大型的地標——波音 747 飛機搭載著名叫「獨立號」（Independence）的太空梭佇立在入口，引發遊客的期待。

休士頓太空中心提供兩條遊園行程，分別是藍線的「太空任務控制中心」和紅線的「太空人訓練中心」。我選擇先前往太空任務控制中心，探看電影常見的塔台控制中心。因為太空中心腹地遼闊，所以工作人員安排遊園車接駁。窗外掠過無數外形像碉堡的辦公室，駛過一片青翠草原，做為一名獸醫，我敏感地發現草原上有幾頭角約三公尺長的長角牛，頓時「驚為天人」。原來，長角牛是形象鮮明的德州特有種，德州的美式足球

太空控制中心

隊即命名「德州長角隊」，太空中心也與德州長角牛協會合作長角牛計畫（Longhorn Project），欲建立以太空中心為主的教學行程。除了牛之外，一旁的野生灌木叢裡還可看見了幾頭害羞的白尾鹿跳躍而過，徹底顛覆了我以為這裡只有冷冰冰儀器、太空梭及火箭的印象。過了半晌，我們抵達太空任務控制中心，在工作人員引導下魚貫而入，抵達控制中心的實境區。隔著透明玻璃，密密麻麻的儀器和螢幕重現了 50 年前登月任務的塔台控制場景。解說員開始講述歷史和工作細節，我始知控制中心除了用作登月任務的主要聯繫站，平時仍會 24 小時監控在軌道上運作的太空工作站，傳輸溫度、氧氣量、紫外線、醫學實驗等數據。解說員透露，下個探索任務為火星登陸任務，目前雖然仍停留在以火星車遠端遙控收集數據，但未來有無限可能。

太空人訓練中心

結束藍線行程，我又坐上紅線「太空人訓練中心」的遊園車繼續行程。紅線參訪的是至今仍運作的太空模擬艙設備區，從隔著厚重透明玻璃的環繞走道，可以遠遠地看見壓力艙、正在試穿裝備的太空人，還有一區一區的實驗區，測試著太空衣的防護性能及扳手、鉗子等各式工具。台灣總統蔡英文 2018 年過境休士頓時，曾受邀以貴賓級零距離體驗此區新穎儀器。

走出中心，我們被引導到火箭公園。這裡有許多退役火箭及其使用的引擎。其中最大的為總共五節的運載火箭「農神五號」（Saturn V）。解說員說，離開地球時需要強而有力的推進力及輕盈的太空艙，火箭升空後會藉由分段燃燒固態和液態燃料加速，一節燃料使用殆盡即脫落，同時啟用下節火箭，最後的登月艙其實非常狹窄。

站在實體火箭旁，敬意不覺油然而生，懼高的我想像著火箭升空，感覺至為奇幻。歷史牆按時序介紹阿波羅 1 號到 17 號歷來的太空任務，有首次載人登月的阿波羅 11 號，有失敗的阿波羅 13 號，還有常被管理學拿來探討組織管理的「挑戰者號太空梭事故」。1986 年 1 月 28 日上午，因右側固體火箭助推器的 O 型環密封圈故障，挑戰者號起飛 73 秒即解體，機上七名機組人員無一倖免。事後調查發現，管理層事先已知設備有潛在缺陷，卻因贊助者急於發射而導致悲劇。

我漫步在博物館區，瀏覽月球礦石、厚重的太空衣、太空梭裡的廁所及淋浴間，想起 阿波羅 17 號最後一次任務指揮官尤金·塞爾南（Eugene Cernan）所說：「我在月球表面，將邁出人類在這裡的最後一步，回家等待不久的將來重返此處。我相信歷史會記載：美國今天的挑戰打造了人類明天的命運。當我們從陶拉斯—利特羅谷（Taurus– Littrow）離開月球，我們的離開如同我們的到來，都在上帝的旨意下，並將帶著全人類的和平與希望重返這裡。願上帝與阿波羅 17 號同在。」這些詠嘆人類熱情的話語極為激勵人心，支持我繼續追求有意義的人生。

—— 本文刊載於 2021 年 1 月 25 日台灣教會公報 3596 期

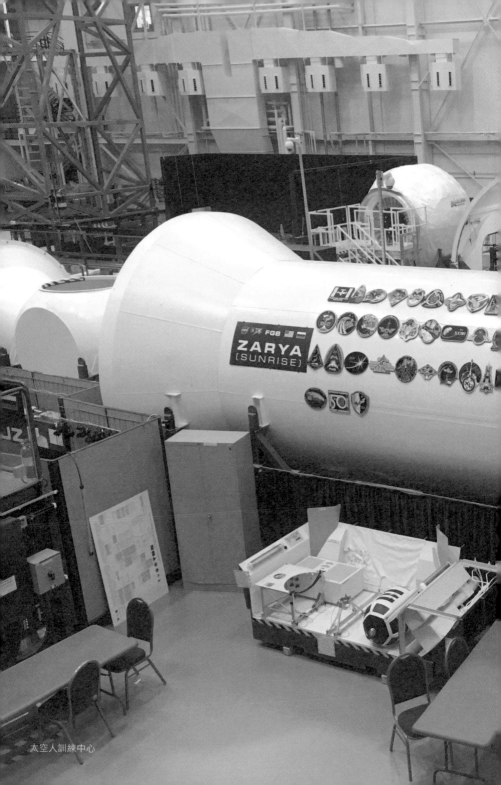

太空人訓練中心

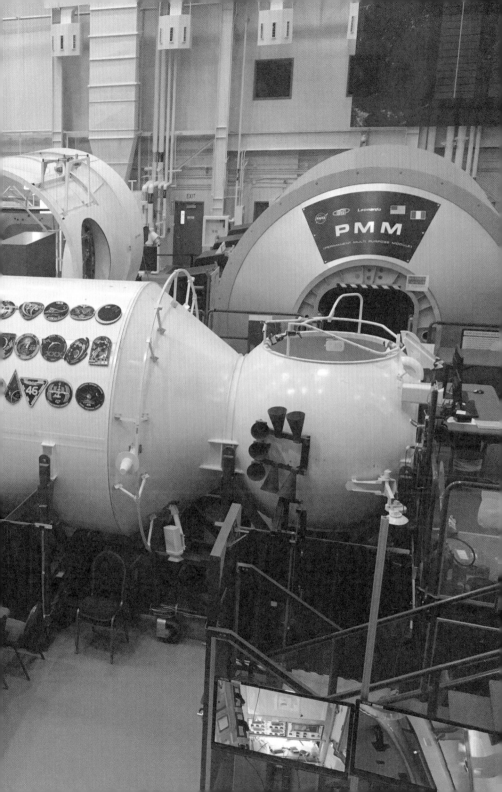

Part 3

美國・路易斯安納州

LOUISIANA

New Orleans

美國　爵士的搖籃 —— 紐奧良

Deep down in Louisiana close to New Orleans
Way back up in the woods among the evergreens
There stood a log cabin made of earth and wood
Where lived a country boy named Johnny B. Goode
---- \<Jonny Be Good\> Chuck Berry

　　傳奇搖滾樂手查克·貝里（Chuck Berry）的經典歌曲〈強尼·B·古德〉中的男主角，出生在靠近紐奧良的鄉村，這是我對紐奧良遙遠的記憶。這個巧妙結合節奏藍調及鄉村音樂的搖滾樂手，在我青春的地圖占據了一大版塊，吸引我有朝一日前往爵士樂發源地——紐奧良。

　　在吳定謙《66 號公路》一書中，他一邊回想著導演父親吳念真騎著打檔車帶他橫跨美國的過往，一邊審視自己當下和未來的人生，開著車奔馳在美國東西古道 66 號公路。這樣一趟平鋪直敘的公路旅行，雖沒有過多的驚喜，卻在我心中埋下了一顆種子，想著將來若有機會，希望能真實地認識這個看似熟悉實則陌生的國度，也創造一些羈絆留在兩個女兒心中。

　　2018 年，這個想法付諸實現，我們一家人從德州出發，沿著全美第四長的 10 號跨州公路東行五小時，前往路易斯安那州的紐奧良，這是我們公路旅行的第三站。

混搭文化 獨樹一幟

　　遠離休士頓的 10 號公路上，開始出現一些綿延數里的大橋，這些混凝土打造的建築體筆直地橫越在氤氳繚繞的沼澤區，車子彷彿一艘駛進亞馬遜河的扁舟。聽聞沼澤濕地的生態多樣，早期的移民者會利用沼澤裡的生物製作一些新奇的料理，成了紐奧良的特色。著名的英國「地獄廚神」戈登‧拉姆齊（Gordon Ramsay）即曾慕名而來，用沼澤的野生香料烹調鱷魚肉。車子行駛在密西西比河的出海口，微風陣陣吹拂，讓人忘卻煩憂。跟著導航，終於來到了充滿異國風情的紐奧良。

　　源於充滿血淚的歷史，紐奧良的房舍建築、教堂有著仿哥德式的美學。18 世紀中期，法國占領密西西比河流域，但 1754 年七年戰爭之後，法國將路易斯安那州讓給了西班牙。後來英國驅逐原居住於加拿大東岸說法語的阿卡迪亞人，他們顛沛流離來到紐奧良，這群人後來被稱為「卡郡人」（Cajuns）。

　　18 世紀後期，甫獨立的美國透過路易斯安那交易（Louisiana Purchase）買下了這塊土地，正式納入美國國土。而附近法國殖民地海地獨立，又導致一些難民逃到紐奧良居住，被稱為「克雷奧人」（Creole）。於是來自歐洲的卡郡人和來自加勒比海的克雷奧人在此熔為一爐，創造獨樹一幟的文化。

異國料理 輪番上桌

　　紐奧良最為人稱道的就是多元化的美食，如非洲的秋葵濃湯（Gumbo）、西班牙的什錦飯（Jambalaya），還有烏龜湯和鱷魚熱狗等沼澤料理。久未吃海鮮的我們，走進當地有名的阿克姆牡蠣屋（Acme Oyster House）。店裡燈光柔和，充滿老式酒吧的氛圍，一盤碳烤牡蠣，再來份窮小子（Po' boy）三明治，令人大快朵頤。窮小子三明治的由來，據說是 1929 年時，在街車工人為期四個月的罷工中，有店家免費提供簡單的三明治，因為他們戲稱自己是「窮小子」（poor boys）而得名。

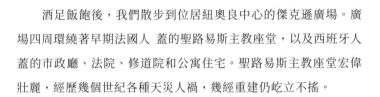

　　酒足飯飽後，我們散步到位居紐奧良中心的傑克遜廣場。廣場四周環繞著早期法國人 蓋的聖路易斯主教座堂，以及西班牙人蓋的市政廳、法院、修道院和公寓住宅。聖路易斯主教座堂宏偉壯麗，經歷幾個世紀各種天災人禍，幾經重建仍屹立不搖。

　　廣場上公園有許多仰賴遊客維生的演奏家、表演者和街頭畫家，好不熱鬧。旁邊的法國市場有一家咖啡廳門庭若市，原來是創始於 1862 年的世界咖啡館（Café du Monde），雖然是販售法式甜點的咖啡店，裝潢卻很美式。我點了招牌的咖啡牛奶（Café au lait）和法式甜甜圈（Beignet），咖啡摻了菊苣，甜甜圈灑滿細糖粉，外脆內 Q，口感令人難忘。

創始於 1862 年的世界咖啡館（Café du Monde）

音樂傳奇公園（Musical Legends Park）

現場爵士樂表演

爵士藍調 百家爭鳴

隨著夜幕低垂，紐奧良脫下白日的典雅，換上熱情奔放。身為美國爵士樂發源地，各類藍調、古典、爵士在波本街百家爭鳴。如果海明威筆下的巴黎是流動的饗宴，那麼混合法國風情和美國南方特色的紐奧良就是菜色豐盛的 buffet，滿足你對各類音樂的嚮往。有些酒吧同時融合運動節目播放、現場爵士演奏、炸雞、調酒，街道上也有一些街頭藝人拿著吉他即興彈唱。

為迎接每年盛大的狂歡節「懺悔星期二」（Mardi Graz），許多店家販售誇張的服飾和面具，甚至有鬼屋的旅遊行程。因為沒買到現場爵士樂的門票，我散步到了音樂傳奇公園（Musical Legends Park），僅需要最低消費，就能享受爵士樂團表演。當晚是一團中年大叔演奏大提琴、長號、鋼琴和爵士鼓，為炎熱的夏夜帶來音樂風，這些大大小小的表演舞台是音樂家實現夢想的搖籃。

我聽著抒情的爵士樂，想像著查克·貝里歌中那個小男孩，在一家昏暗的爵士酒吧熱情演奏後，掌聲如雷，他贏得了屬於他的夜晚「強尼·B·古德之夜」……為我的紐奧良之旅畫下句點。

—— 本文刊載於 2020 年 12 月 14 日台灣教會公報 3590 期

Part 3
美國‧佛羅里達

Florida

Orlando

MIAMI

Key West

美國　基韋斯特（Key west）──
往海螺共和國奔馳

　　穿越行經路易斯安納州、阿拉巴馬州的漫漫長路後，為拜訪就讀佛羅里達大學（University of Florida）的朋友，我抵達位於奧蘭多的柑橘研究與教育中心（CREC），他在此研究肆虐全球的柑橘黃龍病。進入陽光普照的佛羅里達州，終於甩掉一路的陰雨綿綿，迎向晴空萬里，身上也沾染了豔陽的味道。美國的領土幾乎屬於溫帶，亞熱帶的佛羅里達可說是冬天北極圈冷氣團南下時唯一可倖免的州，也因為接近熱帶的溫濕氣候，這裡成為少數美國熱帶水果和熱帶醫學研究的重點區域。創新的農業研究培育出愛文芒果、茂谷柑等風味佳、產值高的水果，而後被台灣引進。

世界最長跨海公路

　　我繼續往基韋斯特（Key West）前進，那裡是我此趟美國南方公路之旅的最南端。行經通往基韋斯特、綿延近 300 公里的一號公路，為全世界最長的跨海公路，途中連結 32 座散落墨西哥灣的島嶼，形成一條曲折的島鏈。這條曠世的藍色公路沿途美景宜人，開車時像奔馳在無垠的海面上，被美國旅遊網稱為十大最美公路，而鬼斧神工的工程亦被列入世界八大奇蹟之一。

由於從邁阿密出發，來回需要六個小時，所以我決定在離起點處不遠處的伊斯拉摩拉達（Islamorada）的度假村停留片刻，享受海洋的氣息。經過約莫兩小時的車程，我抵達了度假村，赫然看到拉起了警戒線。詢問之下才知道，因為近年來氣候變遷，來自加勒比海的熱帶氣旋更為強烈，颶風旋轉的路徑提前北移，整個佛州較以往更容易受到颶風的侵襲，沒有任何屏障的島鏈每年都災情慘重，觀光業也受到影響。

再次啟程後，車子駛上了筆直的公路，漸漸遠離高樓密布的邁阿密。海色時而深邃，時而清澈，跟湛藍的天空合而為一，彷彿和海鳥一起飛翔在天際。直到前方出現分岔，原來是到了著名的七哩橋（Seven Mile Bridge），新舊橋橫跨在兩座礁島上。這是一號公路中最長的一段跨海大橋，約七英里長。根據維基百科資料，舊橋於 1912 年建設完成後，用來運輸美國和古巴往來的物資，因經歷兩次颶風襲擊而損壞。新橋則於 1982 年啟用，做為替代橋梁。舊七哩橋極其壯觀，起點處開放民眾參觀，可近距離探看橋墩。

一號公路：為全世界最長的跨海公路

美國最南
（Southernmost）地標

來自古巴的羈絆

　　行駛了許久，終於抵達美國領土最南的一塊礁島基韋斯特。小小礁島上，滿街都是椰子樹，帶來熱帶海洋的氣息，除兩、三層樓高的白色維多利亞建築林立，亦有許多西班牙式建築和小吃攤。這裡離古巴僅有 145 公里，1976 年古巴領袖斐代爾·卡斯楚（Fidel Castro）掌權後，大量難民經基韋斯特登陸美國，至今全美 200 萬古巴裔人口中有 70% 居住在南佛州。這裡有美國海軍駐紮防止偷渡，頗有台灣的金門、馬祖之感。

　　美國最南點地標是一個水泥大浮標，有趣的是，大浮標上畫著一面國旗，寫著「海螺共和國」（The Conch Republic）。原來基韋斯特居民曾不滿美國邊境巡邏隊，認為他們對違禁藥品和非法移民的冗長盤查影響觀光，於 1982 年宣布獨立建國，向美國宣戰──對著穿美國海軍制服的人丟一塊麵包，然後隨即投降，並向政府求償美金 10 億元。獨立運動雖然像在作秀，卻成功讓海軍撤掉檢查站，「國旗」也保留下來。標誌旁有一尊青銅色銅像，是吹奏海螺的阿伯特·基（Albert Kee），他一家三代在此賣海螺，自 1950 年觀光業開始興盛，他常吹著海螺熱情招呼遊客，被封為基韋斯特大使。

我從一旁觀光看板上的歷史資訊得知，基韋斯特和古巴首都哈瓦那之間有一條海底電纜，逃往美國的古巴難民透過此電纜打電話聯繫家人，以解相思之苦。在基韋斯特，曾發生許多與古巴產生羈絆的歷史故事。

我隨意地漫遊島上，享受度假的放鬆，許多巧心設計令人耳目一新，如海牛造型的郵箱，呼應了佛州為世界最大西印度海牛保護區的名聲，還有隨處可見的鱷魚，也呼應了佛州是大沼澤國家公園的稱號。

傍晚，我和友人找到一間名叫「哈瓦那人」（Habanos）的海邊古巴小餐廳用餐。點了古巴調酒莫希托（Mojito）、古巴三明治、墨西哥起司玉米片（Nachos）等料理，好似回到了以前造訪過的哈瓦那。太陽開始西下，餘暉映照海面上的雲層，出現暗橙色的魔幻時刻，在我心中成為了最美的夕照美景之一。

——本文刊載於 2021 年 2 月 1 日台灣教會公報 3597 期

哈瓦那人（Habanos）
海邊古巴小餐廳

Part 6

中美洲・貝里斯

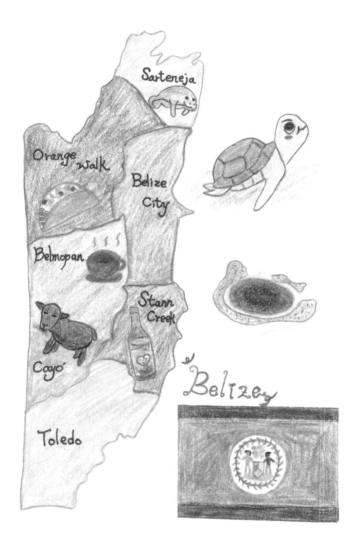

Sarteneja

Orange walk

Belize City

Belmopan

Stann Creek

Cayo

Toledo

Belize

貝里斯　遺世獨立——貝里斯的門諾教徒

　　雨季的貝里斯，豐沛的雨量使部分低窪地區變成了水鄉澤國。終於放晴的午後，天空一片湛藍，原野綠意盎然，往卡優區（Cayo）北方德國村（Spanish lookout）的路上，一位金髮碧眼的門諾教徒驅著馬車緩慢前進著。他從裝有後照鏡的馬車上，瞥見後方的工程車逼近，只見韁繩一拉，優雅地使喚馬車，靜靜地往路旁偏移，對照柏油路上奔馳的鐵殼機具，看來十分顯眼。

　　在貝里斯，門諾教徒有著自己的制服，深藍色的上衣搭配黑色吊帶褲，不修邊幅的鬍鬚和不使用先進世界的傳統，蟻居在深山中。我不曾見過他們的居所，因為那些通往他們居住地的路，都是未經開發的土道，少人願意前往。

　　「他們是從哪來的？」我好奇地探問當地老者，只聞幽幽地回道：「加拿大吧！」幾乎無人確知真切答案，又彷彿他們的存在早已根深蒂

固，無須探究。直到某次因緣際會，我探訪了 Spanish lookout 鄉村公園（countryside park）的門諾教派紀念站，多年的疑問才有了解答。

在迥異的文化中，學習共生與對話

紀念站位於公園湖邊的老樹下，是個有著馬雅風格椰草屋頂的小涼亭，周圍環繞著各式立牌，像某種神秘的祭壇。我耐心地讀著立牌上的文字，貝里斯的門諾教徒原先是稱作 Kleine Gemeinde 的族群，分佈在舊普魯士王國和荷蘭屬地，使用低地德語的地方方言。隨著俄羅斯的壯大，取消了原居住在南俄羅斯（今烏克蘭）享有的免軍事徵招特權，逼迫其加入俄羅斯軍隊。為此這群門諾教派飄洋過海至美洲大陸尋求庇護。大部分的門諾教徒第一站停留在加拿大的曼尼托巴（Manitoba），而後輾轉像候鳥般往南遷，停留在墨西哥奇瓦瓦州（Chihuahua），貝里斯的 Spanish lookout，瓜地馬拉，甚至遠至南美玻利維亞。

門諾教徒在 San Ignacio 市集販售農產品

特別的是，在 Spanish lookout 的部分門諾教徒捨棄了原始生活，逐漸發展出對科技，人文較為開放的生活型態。他們從墨西哥和美國進口鋼鐵、農業機具、汽車零件和食品，供應給在地的貝里斯人，並以企業化方式經營貝里斯最大的牛乳工廠 Western Dairies，在附設的餐廳販售各式以自家農產品為佐料的披薩、牛奶冰淇淋，這裡還有家由門諾教徒所經營，貝里斯最大的雞肉供應商 Dis Da fin win。

　　"Reimers" 是貝里斯門諾教徒最大宗的姓氏，這個姓氏可追溯至南俄羅斯時期，當時，便是這個姓氏的區域教派代表，帶領著他們離開故鄉歐洲大陸，到美洲開枝散葉。這群使用著先進科技、做起生意的門諾教徒看似開放，卻仍有不可逾越的傳統，例如，他們仍固守傳統服飾與教規，不與門諾教徒以外的人通婚。為此，我曾經向經營鋼鐵公司的 Reimer 先生問起，當地人若想娶門諾教派的女孩，得要具備什麼樣的條件，才被允許？他說：「要不你就成為門諾教徒，嚴守社區規範；要不你就帶著你的新娘等著被逐出社區！」

門諾教徒的西瓜
多汁又香甜

除了 Spanish lookout 外，北方較為平坦的草原區 Orange walk 的 Shipyard 和 Bluecreek 亦是門諾教徒的聚集地。這裡有著釉白色的土壤，由於路面崎嶇、坑洞處處，開車進去常會裹上一層如白色麵衣的粉塵，居此的門諾教徒也做生意，賣先進的農業機具，但弔詭的是他們沒有電腦、電話，沒有聯繫方式，一切交易只憑誠信。我曾經訂購了一個農業機具，我留下我的名片，但他婉拒了，告訴我他沒有電話，直接過來取貨付款就好。我還是懷疑著，要是我沒有準時過來取貨，或取消了訂貨，那商品如何為顧客保留？

我不禁問起，如果沒有任何科技產品，該如何進口這些機具？他說社區內有一個備有電腦、電話的聯絡站，若你非得使用不可時，可以自由前往使用，除此之外，其他地方則完全與科技絕緣。

有著自己獨特的文化，常專注在自己領域的門諾教徒，不過是貝里斯多民族中的一員，諸如屬於加勒比原住民的加利福納人（Garifuna）、跟隨著西方奴隸制度來的克里歐人（Creole：非洲和法國混血），瓜地馬拉來的西班牙後裔，原生的馬雅人等，一樣都是天涯鄰人，甚至，隨著臺灣技術團來到這裡的我，都帶著不同的故事聚集在這裡，學習如何在貝里斯的土地共生，與彼此迥異的文化對話。

—— 本文刊載於 2018 年 1 月 15 日國合會電子報第 168 期

貝里斯　加勒比海的「番薯囝仔」

在我服務的貝里斯技術團所在的 Cayo 區的一間健身房，認識了身為台灣移民第二代的 Andy，偶爾與他相約吃飯，在貝里斯聖心學院（Sacred Heart Junior College, SHJC）擔任數學老師的他，總會點上一盤貝里斯的平民料理紅豆飯，配著小塊燉雞和萵苣黃瓜，然後在飯上淋上以紅蘿蔔為基底的 Marie Sharp 辣椒醬，當我問他：「這樣吃法，你不怕辣嗎？」，他只是以不太標準的中文，笑著說：「習慣了！」眼見他一口一口地把看似辣口的飯送進嘴裡，我不免猜想，在他味覺的資料庫裡，會不會跟我們一樣，當思鄉病發的時候，會把鹹酥雞、臭豆腐、香雞排和奶茶的滋味，與對台灣的想念緊緊連結？還是如同一片毛玻璃般的霧白，認為這些美食小吃，不過是一個遙遠島嶼，專屬於爸媽、阿姨、叔叔那個世代的鄉愁。

像 Andy 的爸媽一樣，千里迢迢來到貝里斯移民的台灣人，在 80-90 年代算是高峰，當時島內一片兵馬倥傯：總統第一次直選，中國大陸飛彈試射，拜移民門檻低、與美國相距 2 個小時的航程所賜，讓貝里斯成為海外移民的大熱門。不過，隨著政治的緊張氛圍漸散，加上移民的文化適應與就學、就業的壓力與挑戰，有些人選擇返回台灣，資金較為優渥的則轉向美加，少數留下繼而落地生根的，有的經營進出口貿易、旅宿業、餐廳、超市，或是回台灣報名職業訓練班後，再返回貝里斯經營汽車修護和美容美髮業，亦有一群人依著信仰形成了聚

落，過著自給自足的生活，像是「25 mile」便是一個知名的一貫道教友聚落。「25 mile」地名的由來，源自貝里斯未開發之地甚多，若要詳述地址十分困難，索性以西邊高速公路往西25英哩的描述方式較為簡便。這裡專營從台灣來的貨櫃，若想以較低廉的運費取得台灣的物資，都會選擇到此聯繫，也因此成為台灣人口耳相傳的重要進貨通路。

在貝里斯待久了，每個台灣人的口袋裡，都會有個滿足口腹之慾的台灣味供應網，像是卡優省卡默洛（Camalote）村的李小姐逢年過節會包肉粽、做芋頭包、肉包和蘿蔔糕，位於西部卡約區的首府聖伊格納西奧（San Ignacio）的開友麵包店，早上10點有剛出爐的吐司和菠蘿麵包，25 mile 的員工每個星期五會送東方蔬菜到西邊的城鎮，首都貝爾莫潘的 Hair show 可以幫你剪個清爽的台式髮型，福爾摩沙咖啡店餐點有牛肉麵，貝里斯市的 Milky way 甚至還有鹹酥雞。這些安居於貝里斯各個角落的台灣人，除了默默地為生活打拼，更以家鄉的食物，在每個思鄉的台灣人心中閃耀串連著。

由於在貝里斯的奮鬥不若想像中簡單，為了與當地產業競爭，提供物美價廉的服務只是基本要求，偶爾遭遇的強盜偷竊，亦是必須承擔的風險，台灣僑民在此發揮了堅韌的適應力：只見他們用著難以參透的 creole（加勒比海混語）英文和當地人搏感情，努力融入當地，或是徹頭徹尾的在地化，成為名符其實的「地頭蛇」，像是在考克島（Caye Cauker）開浮潛店的 Master 李，便是其中的佼佼者，若你在各大港口提到他的大名，幾乎到了無人不知、無人不曉的地步，堪稱貝里斯的「台灣之光」。

在台灣僑民之間，身為國合會技術團的一員亦是一項光榮，偶爾在台灣人開的小餐廳，會有人透過國合會制服辨識出你而上前搭話。攀談著數年前與某位技師的情誼，台灣技術團執行過的農業計畫，批判著一些時局

台灣移民第二代的 Andy

經營浮潛店的 Master 李

與不公，甚至透露些以前國合會老員工的奇人軼事。大多數的故事主角我都不曾見過，但透過這些華僑的反覆描繪下，他們的身影和口吻歷歷在目，彷彿是個不曾認識但熟悉的「網友」。那些陪老華僑披荊斬棘的國合會同事們用歲月建立起的革命情感，恐怕是我難以達成的目標。而那些國合會員工曾經創造的美好回憶，如同琥珀般凝固在慢活的貝里斯，時間在這邊好像一片靜止的布幕，不斷的播放舊時的美好片段。

近年來，貝里斯已脫離了台灣移民的熱門選項，當年的第一代移民不是凋零，就是返鄉或移往他國，僑民人口呈現負成長，不過，選擇留下來的新一代，卻吸收了不同的養分，變得更為精彩。他們不僅保有台灣人勤懇的根，又擁有中、英、西等多語能力，在貝里斯發展精緻的禮品店和咖啡店，縱橫於各行各業，偶爾我們在執行計畫時，需要借助他們的長才，這群年輕人總能適時助上一臂之力，讓人有他鄉故知的暖心之感。

看著他們對未來充滿著創意與想法，我由衷的希望，生根於此的「番薯囝仔」，能奮力張開貝里斯所賜予的翅膀，在加勒比海上展技，飛往更遠大的天空！

—— 本文刊載於 2018 年 10 月 15 日國合會電子第 171 期

貝里斯　Sarteneja 海牛志工之旅

　　以初級農業為主的貝里斯，擁有原始的地貌和低開發的自然資源，吸引著國外的非政府組織挹注資源到此保護一些中美洲特有的物種，提倡保育和互助，希望能維持全球的生物多樣性。如 Belize Raptor Center 執行猛禽救傷和棲地保育宣導，或者 Crocodile Research Coalition 致力於中美洲鱷之保育，以教育方式鼓勵當地人民不以鱷魚為食。而在貝里斯大專生楷韻地找尋下，意外地尋獲一個由英國人成立的小型海牛和靈長類保育中心：Wildtracks。透過了反覆的聯繫，終於獲得對方同意前往參與兩日的志工。身為獸醫的我，雖然接觸了不少分門別類的動物，但海洋哺乳類倒是頭一遭，對於此行也非常期待。

　　Wildtracks 位於貝里斯東北角 Corozal 區的小漁村 Sarteneja。Sargteneja 的位置相對遠離貝里斯北方公路和主要城鎮，像一個尖銳角獨立的掛在貝國的東北，僅有海路可以輕易到達。我們取道 Orange Walk 後，駛進了空蕩無人的草原，沿途的土路從原先的平坦越見凹凸，坑洞不斷，僅能以龜速前進，終能體會這些偏鄉人民的不便。索幸台灣政府在謹慎評估下，委由海外工程公司（OECC）建造連結 Corozal 市區的跨海公路，相信未來往來交通會更加便利。

　　進到了 Sarteneja 村，是個有馬雅風味的小聚落，穿過了一條叢林的小徑終於抵達海邊的保育中心。主人 Paul 和他老婆 Zoe 在門口熱情地接見我們，並引導我們入住。他偷偷地說著，其實他們保育中心只接受為期一個月以上的志工，但因為台灣政府在當地幫助甚多，所以特開先例給我們。在共同創辦人 Zoe 簡報介紹下，我們了解 Wilktracks 在 1990 年兩夫妻的努力下建立，終旨是希望能透過小小的努力來為生物多樣性而努

力，而主修動物學海洋哺乳類的 Paul 和靈長類學位的 Zoe 投身海牛和靈長類的保育多年，在美國也獲得許多資金和鼓勵，成為除了佛羅里達以外唯二的海牛保育區。Wildtrack 主要保育的西印度海牛（Antillean manatee）終年棲息在美國東南岸和加勒比海等河口和河流區，因為需要淡水作為飲用水和水生植物如紅樹林的根莖為食，他們分佈在淡鹹水交界處。而隨著貿易和旅遊業的興盛，郵輪、快艇交通頻仍，透過撞擊、漁網纏繞佔據了他們出沒的棲地，死亡率也逐年上升，經近年的研究僅剩 700-1000 頭西印度海牛存在世界上。根據科學研究的進步和建議，Wildtracks 採用軟性野放（soft release），藉由模擬野外的環境和建造防禦的網欄，讓海牛可以漸漸脫離中心，據 Paul 所說，存活率可達 80%。

Wildtrack 現有 1 頭三個月大的幼年海牛金塊（Nugget）和 3 頭九至十二個月成長海牛需要照料，另外尚有 4 頭成年海牛在保育區不遠的海中。我們其中一個工作項目就是刷洗幼年海牛的池子，並在刷洗之前將 Nugget 移到另一個預備池；運輸中我們用兩層毛巾謹慎地托著約 50 公分的小海牛，像在做一個禁忌的儀式，兩腳扎穩馬步徐徐移動，終於完成換池。Nugget 在貝里斯市外海被發現，他的父母可能因為船隻撞擊而死亡，而小海牛在沒有照料下，會因為過度緊迫，腎上腺皮質的免疫抑制而容易感染死亡，於是志工們需要輪流的在水裡陪伴他，讓他不至孤單。在其中一個輪值裡面，我坐在池中陪伴他，他好奇的用身體過來碰一碰我又緩慢遊走，模樣惹人疼愛。在這我們也參與了調製海牛配方牛奶的過程，此配方是由美國的營養師設計，以當地食材和藥品混合而成，有當地經濟動物的飼料商 Reimers 所販售的幼兒奶粉，和當地產的香蕉，

與小海牛伴遊

加上鈣片、維他命、益生菌和牛磺酸等用攪拌機混合而成，氣味有點像香蕉奶昔。我們拿著配方奶到了海邊，身影的搖晃吸引了它們的注意，海中浮起了 4 頭海牛，原來他們是施行軟性野放的成年海牛，雖然已經成年了，但難忘香蕉奶昔的氣味，每日仍在附近徘迴，和志工培養了非常親密的關係，我甫跳進水裡準備餵食，就被其中一頭海牛給緊緊抱住，閉上眼睛舒服的吸吮今日特調。

在各國的非政府組織的努力下，當地人民也逐漸建立起不濫殺、譴責盜獵的文化。並且由具有政府色彩的 Belize Audubon Society 接管山林、珊瑚礁和鳥類的保育。透過法規的形成等方法保護貝里斯最美麗的瑰寶：自然。

141

餵食小海牛配方奶

貝里斯 月亮水母飛行的潟湖——
安德森潟湖的發光藻類

　　我心中的中美洲國家：貝里斯的斯坦克里克（Stann Creek）區，是個百花齊放的自然人文萬花筒。有綠意盎然的雞冠山盆地保護區、加利福納（Garifuna）黑人居住的霍普金斯（Hopkins）小鎮、鄰世界第二大珊瑚礁的加勒比海，還有我數次造訪，位於淡鹹水紅樹林交界處的安德生潟湖（Anderson Lagoon）所特有的螢光藻類。在日本演員玥雅人的散文集《文玥雅人2》中曾經用味噌拉麵探討純粹和多元；著重純粹湯頭的豚骨拉麵較為迷人，亦或是合奏般的味噌湯底來得出色？想當然爾，這是一個開放性的問題，每個人心中都有不一樣的答案。我私以為，具有豐富多元元素的貝里斯南方，有著令人魂牽夢縈的想像。

獨特加利福納黑人文化

　　從貝里斯首都貝爾墨潘（Belmopan）出發，經台灣政府協助整建的蜂鳥公路（Hummingbird highway），會經過幾座蔥綠的山嶺，約莫一個半小時就可以抵達海邊的加利福納小鎮：霍普金斯。多種族的貝里斯，由西班牙後裔人種麥士蒂索（Mestizo）為大宗，克里奧爾（Creole）和加利福納黑人為次，馬雅人、德國裔門諾教徒和華裔組成剩餘，在不同地區形成特有聚落。加利福納黑人，又稱為加勒比海黑人（Black Caribs），在西方殖民時期，由非洲引進黑奴與加勒比海群島聖文森（Saint Vincent）原住民混血而生，現今分佈於美國、瓜地馬拉、貝里斯和尼加拉瓜，因為其飲食、音樂、膚色、服飾之獨樹一格，至今為貝里斯接待外

賓時民族表演的一環：穿著黃黑白三種配色的傳統服飾，配合著節奏快速的非洲鼓和沙鈴的歌舞秀，視為貝里斯重要文化。在貝里斯的節慶中，甚至有一國定假日稱加利福納安居日（Garifuna Settlement Day）來紀念舊時加利福納人從洶湧的加勒比海乘著小木舟靠岸後定居的日子。霍普金斯是個狹長的黃土小鎮，緊鄰海岸而生，居民以漁獵維生，亦有剛起步的美國觀光業介入，提供出海釣魚、浮潛等行程。貝里斯政府有意將此地開發成如墨西哥坎昆的海景度假村，在部分的海灘已經有昂貴的旅館進駐。

　　來到霍普金斯所不能錯過的加利福納傳統餐點 Hudut，是一道湯式料理，由炸魚泡在特調的椰奶，配上磨碎的煮食蕉和炸樹薯而成。所有食材都是當地取得，為早期居民的日常料理。餐後，當地的遊客會很有默契地前往高級度假村開發的海灘坐坐，吹著海風點杯 Mojito 休憩。雖然有

Garifuna 黑人小鎮

Garifuna 傳統料理：Hudut

點諷刺商業入侵，但不能否認的是度假村將凌亂的海灘整理的較為平整清潔，翡翠湛藍的加勒比海配上度假村自己的碼頭，常有鵜鶘等海鳥停駐於身旁，別有一番悠閒的風情。

然而，最讓人期待的河道夜遊行程，於暮色漸深的傍晚展開。我們要去看位於霍普金斯小鎮旁出海口的潟湖區，友人美稱的貝里斯白眼淚：螢光藻類。在主秀登場前，導遊駕著小船沿著 Sittee River 航行，用頭燈尋找在岸邊的野生動物並詳細講解。可見到處皆是的中美洲的綠鬣蜥盤踞，也可在叢林間見到浣熊成群經過，甚至在樹上見到蜘蛛猴棲息。最有趣的是用手電筒照向河岸旁的紅樹林時，葉間反射出紅色的亮光，則代表該處有鱷魚潛伏。當大夥聽到鱷魚時表現出不安，導遊進而解釋鱷魚其實鮮少攻擊人，且聽到動力小船的聲音都會跑得老遠，在互相尊重各自的活動範圍，基本上不會有太大的問題。

發光藻類異世界

親近自然的生態之旅後，導遊調整馬達逐漸慢了下來，以低速轉進了紅樹林交錯的小支流，抵達出海口的安德生潟湖（Anderson Lagoon）。船駛不久，導遊示意將手電筒關掉，並關掉引擎，頓時萬籟靜寂。在漆黑

的夜裡，我們的瞳孔開始散開，適應了全然的黑，也開始見到了被魚驚動的湖水時閃現的白色亮光。用手去攪拌湖水，白色的浪花更加清晰了，原來這座淡鹹水的交界的潟湖中地底泥中孕育了豐富的螢光藻類，透過自身攜帶的螢光酶在震動所產生的壓力下釋放能量，發出亮光。原是個自我保護的機制，但在藻類群體聚集下，像極了銀河中的星雲。魚的移動，透明的月亮水母在漆黑的水裡展翅飛翔，留下了仿如流星拖曳的軌跡；我耳邊響起了酷玩樂團（Coldplay）的 Paradise，彷彿置身於電影《少年 Pi 的奇幻漂流》與鯨魚共遊的夜晚中。身旁的朋友情不自禁的跳下水游泳，拍打的浪花如靄靄白雪中的雪天使，一切的一切，都夢幻的不像在地球，更像在《阿凡達》的潘朵拉（Pandora）。

貝里斯的山林和海洋被 Discovery 盛讚為「人間淨土」，對於我來說，實難在這美麗的國家中說出自己最喜愛的地點。但在妻心中有一個明確的解答並告訴我：「這是你帶我來過最浪漫的地方」。聽完的我數度莞爾，離開貝里斯一年後，仍想起造訪銀河的夜晚。

美麗的加勒比海

貝里斯的珍珠——
Young girl Road 的小教會

雨季的貝里斯，有熱帶雨林的氣息，無法防備的暴雨後，帶來半頃酷暑。萬物生息在能量四逸的莽原中奔走，夏蟲在濕潤的青草中繁長，青蛙吐出長舌捕食，天空盤旋的野鳥瞄準出土的蚯蚓俯衝而下，鳳頭蒼鷹展翅翔翔布滿天際，禿鷹嚼食被車輛路殺的獸屍。

脫離貫穿東西向國土的喬治王子高速公路（George Prince Highway），我彎進了當地人俗稱女孩路（Young Girl Road）的泥濘小道。雨後的土路更加顛簸，遠看過去像是一片泥漿，凸出的岩礫似海上的孤島，不禁讓人擔憂車子駛入會不會「定錨」。我戒慎恐懼地踩踏著油門踽踽前進，看著手繪的地圖，今天要前往的教會應該就在不遠處。

尋尋覓覓

天不從人願，穿過了幾戶木造的房子，越過起伏不平的小山丘，還是沒能看到類似聚會所的地方。我下車探問了穿著馬雅服飾的婦人：「妳知道附近有個台灣村嗎？」她指了指前方不遠處，說著那邊轉進去有個姓黃的先生。我拾路而上，進到了一個有著大庭院的雙層水泥牆房。「不好意思，請問是聚會所嗎？」我大聲呼喊，走出了一位約莫六十歲的老翁，說著台灣腔調的中文：「不是，這裡是我家，在入口不遠處有個小聚落，可能是你要找的地方。」再沿著路前行，左邊有戶像修車廠的廠房，外頭堆滿推土機等建築工事的機具。想到幾個禮拜前，華大哥在電話中提到他是

蓋房子的，這些機具應該就是他賴以為生的工具。華大哥老鄉在屏東的山上，是台灣的原住民，三十年前台海危機時，隨著友人顛沛輾轉移民到貝里斯，一待就是二十幾年。貝里斯台灣人不多，就連大使都知道海派的華大哥樂於助人。得知華大哥也是基督徒，便想看看當地的禮拜是如何進行。

　　在外頭的草皮停好車後，還得穿過一條羊腸小徑才能到達深藏在叢林裡的小教會。聚會所是華大哥自己一手打造，水泥磚牆，配上簡易的木頭十字架、講台和幾具塑膠椅。在經濟水平較為落後的貝里斯，一般住家都是用木頭搭建而成，颶風來臨時會像搖籃一樣左右搖晃，十分嚇人；能有水泥的聚會所，華先生的努力及用心可說是有目共睹。

　　聚會的民眾有台灣人、貝里斯人和美籍韓裔的傳道。教會有一輛福音車，是華先生捐贈的，每次主日前他會去各個地方載信徒來此做禮拜。除了主要道路外，其他地方的路況真的讓人無法想像，有時距離三公里的路就得開個半小時。更有甚者，當下雨沖刷，水位上漲，很多住家常跟主要村落完全隔絕。對此，我心裡對於華先生的貢獻不禁升起一份敬意。

　　而說起韓國人傳道，是美國的教會想要來貝里斯建立一個傳道訓練所，輾轉詢問找到了同是基督徒且建築工程物美價廉的華先生，因此雙方連結了起來。據聞，當地的傳道從神學院畢業後，都沒有進修的機會，所以許多美國教會有類似的援助計畫。

和諧樂音

因著語言習慣，當地主日採三聲道：華文、英文、西班牙文同步進行。讀聖經章節時，大家都用自己的語言唸著，像個不協調的交響樂團，但最後卻能一起結束。聖歌冉冉，音律流暢，像是迷失在巴別塔中歧異的語言迷宮中，又像是伊甸園裡萬物皆和樂的氛圍。今天主禮的傳道者是位貝里斯牧師，不知是文思泉湧還是天性使然，他的講道像在唸詩，句尾都有和諧的韻腳，時而激昂，時而低潮，滿能帶起民眾情緒且不容易進入夢鄉。

　　主日報告時，華大哥代表頒發就學獎學金。據說他時常去美國各教會募款，帶回給貝里斯信眾，讓許多教會的小朋友可以繼續接受教育。貝

里斯的教會型態有點像台灣早期的宣教方式，因著經濟困難，教會提供午餐和獎學金以吸引民眾到此主日。民眾的奉獻完全無法支持一個教會的運作，得由其他國家支援方能生存。

秋後，貝里斯的艷陽徐徐照射在蔥綠的貝里斯大地，沒有霧霾的廢氣污染和重工業，似乎沉睡了千年也沒進化。這是人們形容遺落在加勒比海的珍珠，因著許多像華大哥這樣的人而靜靜閃耀著。

—— 本文刊載於 2017 年 2 月 13 日台灣教會公報 3390 期

當地取材的立牌

貝里斯　善用自然優勢　靠「羊」脫離貧窮

　　筆者曾於2016-2020年派駐中華民國（台灣）駐貝里斯技術團執行兩國畜牧合作案「貝里斯羊隻品種改良計畫」，以下為執行時的體會與產出。

　　左鄰中美洲、右接加勒比海的貝里斯，面積約為臺灣的三分之二，人口僅有38萬，其廣大遼闊的未開發叢林、雨林地貌，為反芻動物（牛、綿羊、山羊）飼養提供了極具潛力的商機。

　　過往，貝里斯曾在美國國際開發總署（USAID）協助下投入牛隻的飼養，在農民努力下，已具規模且能穩定提供貝國動物蛋白質來源，但缺點在於飼養門檻較高，許多農民仍無法負擔飼養的基本開銷，以致推廣受限。鄰近的加勒比海地區，因聯合國農糧組織（FAO）改以小反芻獸（綿羊和山羊）做為扶貧、加強鄉村發展、增加婦女就業及替代肉品的畜養策略見效，促成貝里斯於2015年12月1日向我國尋求協助，希望藉助羊隻飼養的優點，包括飼養門檻低、單位面積土地使用小、成本回收快，透過「貝

黑肚綿羊

國家種羊中心的杜泊羊（Dorper）

里斯羊隻品種改良計畫」全面提升貝國羊隻的生產力，以增加貝國農民的
就業率及收入、引導青年務農減少社會負擔。

　　分析貝里斯羊隻飼養遭遇的問題，包括更新種原不易，缺乏良好的配
種管理，近親繁殖嚴重；農民採粗放方式，未搭配階段性營養補充，以致
受孕率、仔羊育成率偏低；面對全放牧可能的寄生蟲感染，沒有如草場輪
替的驅蟲計畫；遭逢乾季之際，當缺乏糧草時，沒有因應對策，只能消極
地求售羊隻以降低損失。

　　引進並建立起純種羊的供應鏈，提供遺傳性能穩健的純種羊供農民雜
交，改善羊隻體重。並透過行政院農委會畜產試驗所黃前分所長牽線指導，
將舊有的中央農場改採臺灣密集式飼養常用的高架羊舍，以增加通風，另
搭配糞便輸送帶分離糞尿，自動化集中糞便作為堆肥原料；與貝國商討未
來永續經營可行的模式，採行半粗放（有限度粗放搭配飼槽餵養）以配合
官方作業時間。

而計畫執行中亦面臨許多挑戰，如協助貝國與出口國的檢疫條件洽談和協商並嘗試從中間找到平衡點，和進口羊隻對於氣候、飼養模式的適應情況不一所衍生的發情不規律、熱緊迫等；在歷屆役男和駐地人員的一同努力下，計畫團隊制定了選種策略以淘汰不適應種羊，以乾草、青割草交替使用提高嗜口性來滿足所需營養補充，以代乳補充乳量攝取不足的仔羊提高育成率等，帶領著合作單位從零到有建立起國家種羊中心制度。

　　對農民的協助部份除了提供種羊配種外，還提供輔導和技術協助。其中，對於農民習慣將公羊及母羊一起飼養的模式給予修正，採行階段性分群配種並妥善分離公羊避免能量消耗，並以簡易的簿冊登記以避免近親繁殖，而能適時掌握母羊分娩時間，於妊娠後期給予穀物或高消化性芻料補充避免能量的空窗。有關寄生蟲驅蟲的部分，則使用生物性木樁如南洋櫻等低成本木樁進行妥善的分隔輪牧，搭配正確驅蟲藥劑量和輪替時機。乾季羊隻草

辦理羊隻飼養教育講習班

料缺乏時，我們則和貝國農部的技術人員共同界定 10 種可供羊隻食用的野樹推薦給農民，鼓勵農民在豆科、玉米收割完留下的葉子，搭配青貯料製作教學，做為乾季時羊隻餵養的儲糧，另亦搭配羊糞堆肥教學和羊皮屠宰後處理製作，透過妥善利用羊隻生產過程所產生的價值，增加農民的收益。

　　計畫執行中，貝國農民向我們反應市場狀況不明，產銷管道不穩定。因此，技術團與貝國農部合作社、貝里斯大學合作設立地方性羊農組織，藉由羊農組織的聚會和成立，分享飼養管理和強化販售籌碼，以及透過市場調查收集羊肉消費習慣和模式，分析消費者類型、購買羊肉通路等將消費市場需求分級，據調查結果分析判斷產銷問題源自羊肉產量過低，以致貨源供應不穩定，價格水漲船高，所形成的惡性循環。

　　貝里斯農部曾為計畫設下了成為「中美洲紐西蘭」的願景，隨著計畫啟動，媒體與官方的大力宣導，貝國羊隻繁養殖的文化逐漸建立，之後，貝里斯大學主動向我們提出盼能提供學生實習課程的要求，並從 8 月開始，展開一學期 3 學分的牧場實作。我衷心希望這些年輕學子，能充實繁養殖相關的知識，像種子一般散播到職場，甚至開設更多的農場，讓羊群能為貝國指引另一條脫貧的途徑。

—— 本文刊載於 2019 年 10 月 15 日國合會電子報 175 期

Part 6

中美洲 · 墨西哥

墨西哥　濱海馬雅遺址 ── 圖倫（Tulum）

不滅的馬雅文明

　　綿亙千年的馬雅古文明散佈在墨西哥、貝里斯、瓜地馬拉和宏都拉斯，是各國考古的綠洲，隨著最後一個馬雅城邦於 1697 年被西班牙征服者給消滅，過往的馬雅世界（Mundo Maya）也化做歷史上的文字。然而，考古學者仍持續按圖索驥的挖掘和拼湊出馬雅信奉的神祉、農耕生活、米食習慣、陶瓷技術、獻祭傳統和世界觀，贈與了世界無價的瑰寶。馬雅城邦雖然殞落，但馬雅文化和人種不滅，基因仍鑲嵌在多種族的中美洲各國中。在我服務的貝里斯農業技術團，有許多當地同事可由其姓氏得知是否有馬雅血統，如代表黑豹的 Balam，和猶加敦的望族 Cocom，都是常見的馬雅文。

圖倫遺跡一景

圖倫遺跡一景

　　得中美洲工作之地利之便，我有幸走訪了數個馬雅遺跡：瓜地馬拉高地的蒂卡爾（Tikal）、貝里斯叢林的卡拉科爾（Caracol）等。然而，對於墨西哥側結合托爾特克（Toltec）的後古典馬雅文明，我則鮮有機會前往，在友人欲前往猶加敦半島潛水勝地的邀約下，我決定在旅程中離團赴圖倫（Tulum），一親唯一一座濱海馬雅遺跡的芳澤。

　　曾有多次出差至猶加敦半島（Yucatán Peninsula）的經驗，至為可惜的是從未以休假的心情好好欣賞這塊即時戰略遊戲《世紀帝國》裡的經典地形。猶加敦半島位於墨西哥的東南方，由坎佩切州（Campeche）、金塔納羅奧州（Quintana Roo）和猶加敦州（Yucatán）三個州所構成。緊鄰墨西哥灣和加勒比海，富有美麗的白沙海灘、喀絲特石灰岩洞和著名的馬雅觀光遺跡琴琴伊察（Chichén Itzá），猶加敦半島的觀光業蓬勃發展，一條龍的度假村服務充斥著坎昆等地，是各國蜜月和美國短期度假的首選。

舊時海陸商貿中心

　　我避開了擁擠嘈雜的觀光度假村區，兀自的覺得未被觀光氣息所污染的小景點圖倫有一番神秘之美。圖倫是美國冒險家所取，字面的意思是一道城牆，但在馬雅的文字記載其實叫做 Zama，是「曙光」的意思。因為圖倫座落在靠近東方的加勒比海，太陽升起之所在。除了臨海的特色外，圖倫裡的城牆以長方形方式排列成牆，圍繞起堅固的防禦工事，跟其他馬雅遺跡開放式城邦有明顯的不同。考古學家推測圖倫以前應是海陸貿易的重鎮，作為一個內陸的轉運站，與其他馬雅邦國交易鹽礦、黑曜石、玉等。在我工作的貝里斯有一個離海不遠的馬雅遺跡：Altun Ha，也因為地利之便被定位為商貿中心，並在那發現了貝里斯國寶：重達 9.75 磅的「玉頭」（Jade head），得以瞭解臨海之城的貿易樞紐性。圖倫中的主要神壇 El Castillo，是馬雅人獻祭和祈禱的殿堂。不同於貝里斯馬雅的神殿旁的柱子雕刻總以夜之神：獵豹（Jaguar），和日之神：太陽神當主要祭祀神祉，圖倫的神柱是刻上了上下顛倒的降神（Descending God）：馬雅的蜜蜂神。在馬雅的口傳歷史中，祂給予了猶加敦半島蜜蜂以收穫蜂蜜，成為了馬雅人最主要的甜味劑。且與傳統三角形石階金字塔型的神殿不同處，圖倫的神殿方方正正，像座瞭望台覆蓋在石階頂端，是個兼具燈塔和為岸邊獨木舟指路的功能。與其說圖倫是個馬雅城邦，根據建築的特性和地理位置，倒像猶加敦半島對外溝通的防禦哨。

158

說起馬雅獨木舟，我在其他遺跡看到的仿真模型，是個用挖空的樹幹削成前後狹窄以方便破浪的扁舟。古馬雅人常為了躲避叢林裡的野獸和減少跋涉，以泛舟的方式逆流而上或渡海來運送物資。有賴這個獨木舟的傳統，在中美洲馬雅文明國家都有各自的獨木舟愛好會定期舉辦比賽；我曾聽過貝里斯的協會辦過為期三日的海上泛舟比賽，實難想像在波濤洶湧的海浪下，橫跨千里是如何達成，也對古馬雅人的體力心生敬佩。

　　在遺跡中散策，可見慵懶的綠鬣蜥趴在古蹟上享受艷陽，深綠色的皮膚和灰黑的石頭融為一體，共生在千年的石座上。穿過了鐵樹群，往圖倫的懸崖邊走，木梯銜接的白沙灘是個開放的海水浴場，海風溫柔而陽光和煦；觀光客有備而來的脫下衣物跳下嬉戲，湛藍的加勒比海藍綠交疊，美不勝收。

　　在猶加敦半島的假期，我也如其他觀光客造訪了著名女人島（Isla Mujeres）的水下博物館，探看由英國人雕刻放在水下以推廣保育海洋的概念的裝置藝術。並在 All Inclusive 的度假村中像個無用的廢物般曬日光浴和暢飲酒水。在這邊休憩片刻，以馬雅文明和海天一線的美景充電，再回到工作崗位上發揮所長。

鄰美麗的加勒比海

Part 6
中美洲・巴拿馬

巴拿馬　美洲之鑰 —— 巴拿馬運河

　　舉世聞名的巴拿馬有著連結太平洋與大西洋的重要運河，每年中華民國海軍的應屆畢業生的敦睦遠洋，都會穿越這世界七大工程奇蹟之首來象徵達成航海的里程碑。然而巴拿馬始終蒙著神秘的面紗，這個許多國際船公司爭相註冊船籍來逃避高額造船關稅和離岸公司成立的熱區，隨著 2016 年的巴拿馬文件受到更大的關注。而我帶著想親眼看看前大聯盟紐約洋基隊的救援王：Mariano Rivera 故鄉的莫名情懷，在全球新冠病毒疫情傳至中美洲前，造訪了魔幻拉美的中心，巴拿馬城（Panama city）。

新舊和諧老城區

　　原以為中美洲的大眾交通運輸硬體建設不足，沒想到走出機場後轉乘搭上了貫穿整座城的捷運，月台高挑明亮，車體嶄新乾淨，如果沒有人告訴我這是哪裡，我還以為是在高雄捷運；雖然已知巴拿馬靠著運河收入豐碩，但看到與其他中美洲差異如此懸殊還是不忍驚訝。我選擇了舊城區（Casco Viejo）作為我留宿的地方，希望能見到許多西班牙式的典雅老屋。安頓了行李後，我順著海濱步道行走，欲往 1519 年建立的舊城去，感受殖民風情。途中穿越了一面高聳的匾額，原來是當地俗稱中國城的華人商區。匾額上由前總統李登輝提的「敦睦邦誼」，在 2018 年巴拿馬宣布與中華民國結束長達 106 年的外交關係後，看到這覺得不勝唏噓。中國城內的建築斑駁老舊，有許多遊民的出沒，可以感覺以前的榮景已不在，飄洋過海的華人們如今已成為融入當地

巴拿馬市中心

的異鄉人。我帶著好奇的心情進入其中一家電氣行詢問明信片應該如何寄送，裡面華人臉孔的老者用西文說著：我不會說中文，隨後請了他兒子出來，用英文跟我解釋，說著他有去學校學英文，但他也不會說中文了。故鄉的語言在此變得混濁，如今只要能溝通買賣的語言就好。

　　舊城區裡保存著 17 世紀的教堂，如聖多明各教堂和修道院，這些古老的修道院如今被新建的歐式咖啡廳和餐廳包圍著，混雜著新與舊的和諧。主要的政府行政大樓也鑲嵌在古色古香的建築物中。我走到一家海濱的咖啡廳，點了一杯古巴調酒（Mojito），微風輕拂臉龐，眺望著遠方船隻出海，頗為愜意。

運河博物館內參與勞工的相片牆

血汗開鑿歷史

　　小憩之後來到了位於舊城區的心臟地帶：獨立廣場。廣場南側有著銀灰色拱廊造型的優雅建築是運河博物館（Museo Del Canal），裡面將運河的緣起和歷史事件以實體和文件的方式展示，為巴拿馬運河實體以外的展示區。這個現代版的「愚公移山」原本是個不切實際的幻想，但因為兩大洋間的貿易頻仍，加上繞行南美洲的水道兇惡波濤且耗時，促使各方列強想要開發這條洲際間最短的橫向通道。1881 年法國人鋏著在蘇黎世運河的成功率先投入挖鑿，但熱帶叢林時而暴雨和悶熱，所欲開鑿的是一座土石混合的山丘，終於在最後一根稻草：熱帶蚊媒傳染病造成的工人大量死亡下告失敗。而接手的美國嚴陣以待，以當時先進的軌道蒸氣挖掘機等機具，並施行公衛政策等除蚊，安裝紗窗、淨化污水控制疾病，配合奴隸解放的大量勞工，終將運河給打通。博物館裡的展示中特別的將所有犧牲和參與的勞工的照片貼成一面牆，讚揚這群無名英雄，描述了當時因生活、國家政策、流離失所而到此工作的工人們共同打拼的故事。其中在運河建築初期還有遠從中國來的勞工，和大多數較能抵禦熱帶疾病的黑人、當地原住民、印度人等，這些移民也構成了巴拿馬的人口組成。跟其他中美洲國家拉丁族裔佔多數不同的地方是，巴拿馬有高達 70% 的黑人混血，這也是巴拿馬運河所造就的特殊社會現象。

世界之鑰

　　我乘坐捷運到一個碩大的購物中心，搭乘巴士轉往位於 Miraflores 湖的運河匣門。運河閘門的觀景台有 4 層樓，訪客們一邊聽著講解，一邊魚貫的擠在前方觀景處看大船經過。因為運河在開鑿的時候發現想要將兩大洋的水面鑿成一樣高的難度太高，於是轉而使用三道匣門控制水平面的方

通過運河的渡船

式，將來往的船如「爬樓梯」式的運到另外一邊。因為運河寬度有限，船本身不宜使用動力前進，所以可見到大船前方有小船在拖行領航，兩旁有動力軌道拖拉機緩緩地將船給拉到前方，但同時維持船與兩旁碼頭的距離。待船隻完全進入匣門，水位則開始調整升降。過一道閘門就要約三小時。來往的貨船可見到相當大比例的中國船隻，可體會隨著中國的航運版圖擴展下，台灣與巴拿馬的斷交已有機可循。除了開放給民眾觀看的舊運河外，巴拿馬也因為忙碌的航班和先進船隻的尺寸改良，在 2016 年落成新的一座運河，地點位於在與現有運河平行的另一端。

結束了參觀，我乘著觀光巴士到了巴拿馬城的市中心，矗立的高樓大廈，賭場和購物商城如雨後春筍般在這過去的小漁村裡拔地而起，憑藉著源源不絕的豪華關稅。這道中美洲之鑰，在各國列強下奮力生存，走出了自己的路，茂盛的生命力也不斷的進化中。

—— 本文刊載於 2021 年 3 月 29 日台灣教會公報 3605 期

Part 6

中美洲‧瓜地馬拉

十字架丘（Cerro de la cruz）

瓜地馬拉　火山下的古城 —— 安提瓜

　　位於瓜地馬拉的古城安堤瓜（Antigua）有著危險又豔麗的風景，這個建於 1543 年城鎮被多座活火山給圍繞，至今仍受上天的眷顧沒有受到岩漿的侵害。從城北的山頭景點十字架丘（Cerro de la cruz）往南俯瞰，阡陌縱橫的石子路把巴洛克的古城切成方塊樣，後方的水火山（Volcano de aqua）巍峨地矗立，構成一幅優美的圖畫。這個被列入聯合國教科文的文化遺產的小城，在幾經整建後，進駐了許多藝術家、語言仲介、特色餐廳，化身成一個文化重鎮。因為瓜地馬拉物價便宜，這裡總是充滿著從各國來朝聖和久住的觀光客。

　　素有巴洛克藝術起源地的安堤瓜，城內的建築物以鮮豔的顏色體現熱情的精髓。我下塌的旅店雖沒有突出的外表，但內部西班牙式的花園庭院，輔以當地織品特色的枕頭和床墊，濃濃的拉美風情為這個瑰麗的古城

加分。我稍微安頓了行李，便前往位於公車站旁的傳統市集，深入當地一探究竟。攤販區約有 20 幾家小販，販售的紀念品與其他中美洲大同小異，有馬雅風格的織品、繡花衣、木雕、石板、背包、玉石，還有一些手工的皮革。其中吸引我目光的是一組如手指大小，穿著傳統服飾的小布偶，經當地人解說這是源自瓜地馬拉高地馬雅部落的解憂娃娃（muñecas quitapenas）。使用方式為如果你有煩惱而失眠，可以在睡前對著解憂娃娃向他訴說憂愁，並置於枕頭下，便可以把所有煩惱給轉嫁給他。這個用棉布、絲線和木片製作出的解憂文創商品價格實惠，也成為各國觀光客爭相購買的手工藝品。

中美洲道地美味

　　安提瓜的美食雲集，有東南亞料理、日本料理、躲藏在古蹟中的麥當勞和漢堡王，還有美味的德國香腸，一旦你打開手機裡的 tripadvisor 便會見到琳琅滿目的餐廳。而我在瓜地馬拉工作的同事推薦下，來到一個口耳相傳的道地餐廳：Rinco Tipico。西文的直譯是「最道地的美味」。這家餐廳只有賣一樣商品：烤雞配上手工的玉米餅（Tortilla）便能高朋滿座，想必不能小覷。只見到店裡煙霧瀰漫，數十隻切開的雞肉在紅磚牆裡的爐灶燒烤，廚師一一的塗上烤肉醬來回加熱；不一會兒裝著馬鈴薯球、美乃滋高麗菜絲的烤雞則迅速上桌，美味而營養。在開發中國家裡，價格低廉的雞肉，玉米製品和馬鈴薯都是庶民每日的營養來源。隨後，我又點了油

當地餐廳
Rinco Tipico 美食

五國獨立
紀念日遊行

莎草研磨而成的 Horchata（味道喝起來清爽如米漿），並幫我老婆點了一杯酸豆果汁（Tamarindo）。這台灣少聽過的酸豆，又名羅旺子，因為中美洲適合種植，遂成為各攤販和餐廳皆會提供的消暑飲品。

正當飽餐一頓後，在中央廣場（Plaza Central）開始有遊行隊伍的經過，有些穿著花俏手持國旗，有些帶著樂器邊行走邊伴奏。原來我恰巧在美州的獨立紀念日造訪安提瓜，幸運的見識到來自各教會和社區的遊行和慶祝。這個每年 9 月 15 日的節慶也稱為五國獨立紀念日（北起瓜地馬拉、薩爾瓦多、宏都拉斯、尼加拉瓜及南邊的哥斯大黎加），在 1821 年時五個隸屬於西班牙王國殖民的地區，伴隨民族自主獨立運動的火熱開展，而正式脫離西班牙人統治，達成民族自主的目標。這個慶祝遊行從下午開始，一直到半夜，不斷地繞行安堤瓜各個角落，堪稱盛況空前，但也有點擾人清夢。

活火山歷險

除了安堤瓜的城區美景，在城內的旅行社可見到有人到處兜售著爬火山的行程。私下做了點功課發現其實爬火山的行程在當地是禁止的，且在

多年前也有遊客在爬火山的時候遇到火山噴發而死亡，但這項刺激的行程是當地觀光業的一大收入來源，所以仍可見到歐美的遊客趨之若鶩，地下經濟悄悄運行。我久經考慮後，還是決定冒險探看這難得一見的景點。行程中的火山是位於距離安提瓜 1.5 個小時車程的帕卡亞火山（Volcan de Pacaya），接駁車停在登山口處後，見到了絡繹不絕的人群。原來還有不同旅行團的遊客一起聚集在此。小販有的賣花生和冷飲，有的牽馬，他們稱之為 Taxi，可替旅客省去行走的時間，其實資料上危險的火山真實感受並沒有那麼恐怖。跟隨著導遊一步一步的前行，慢慢走進了黑色的火山岩上，脆化的火山岩像沙子鬆軟，一不小心陷入容易跌倒，也增加行走的難度。約莫一小時，腳下的火山岩開始有了溫度，慢慢感受到在爬火山的感覺。只見導遊一直尋找紅色的熔岩給我們看，但無奈只能見到熱氣的白煙在繚繞。也許因為地層的變動，現在外漏的紅色岩漿並不是那麼容易見到，但用樹枝串起的棉花糖深入岩縫中，融化成液狀的棉花糖可以證明腳下的山丘有熱流在湧動。

回到了安提瓜後，我們在這迷人的古城裡漫步，時而走到著名的地標 Arco de Santa Catalina 合影，時而並在古色古香的咖啡廳駐足享用安提瓜火山咖啡，這樣隨興的欣賞一個亙古的城市，是人生難得一見的輕鬆假期。

帕卡亞火山（Volcan de Pacaya）

Part 6

中美洲·古巴

古巴　停滯的老時光 —— 哈瓦那

　　2016 年，美國前總統歐巴馬成為時隔 88 年後，再度踏上古巴國土的美國總統，任內的許多「破冰」政策讓全球興起了一波討論：古巴是否不再「古巴」？甚至有旅行團以「倒數計時古巴風情」為噱頭來廣告；不知道被美國封鎖五十餘年的古巴人聽到是喜還是憂。古巴之所以魔幻，是過去與美國的愛恨情仇所造就的靜止時空：年久失修的西班牙殖民房舍，五零年代古董車，共產主義運行的公有財產。然而奴隸制度的過往，西方列強帝國主義的侵略抵抗，切・格瓦拉（Che Guevara）的革命精神，菲德爾・卡斯楚（Fidel Castro）的強人政治，如同運輸氧氣的動脈血管，供應給這條加勒比海的鱷魚，在佛羅里達的南方惡狠狠地盯著山姆大叔。

　　我這次的旅遊選擇由墨西哥的坎昆搭乘墨西哥廉價航空 Interjet 進入古巴首都哈瓦那（Havana），並在起飛之前向機場的服務人員購買了進入古巴所需的旅遊卡。此卡價約 15 美元，其實是一張輕薄的紙來替代簽證，來避免日後去美國外交上的爭議。墨西哥跟古巴兩國關係良好，有固定的航班在往返，從坎昆到古巴僅需一個小時，座椅都還沒坐熱就準備下降，順利抵達了 12 月還是艷陽高照的哈瓦那。通關後走出機場，彷彿進入了龍蛇混雜的菜市場，旅館接駁車、計程車司機四處吆喝，連珠串的西文像個神秘的咒語縈繞耳際，為來往的旅客接風洗塵。

革命廣場（Plaza de la Relución）旁的古董車

在機場的換匯站換了一些古巴當地貨幣，繳了古巴特有的美金懲罰稅，象徵式對美國過往的霸凌做無聲的抗議。古巴的貨幣分為兩種，一種是觀光客使用的 CUC，跟美元是等值一比一對換；還有另一種 CUP 是當地人使用，幣值約跟台幣等值；這是一個無階級共產社會的福利，和一致對外的國家特有制度，可在各個餐廳和景點見到，當一個商品的標價數字列在菜單上時，通常當地人僅需支付觀光客的三十分之一；難怪有人說著：那打破階級的共產主義，實在太迷人了。

五零年代的重現

我攔了台計程車，將民宿的目的地給司機，坐上了因日曬而龜裂的牛皮座椅，奔馳在哈瓦那的公路上；車內沒有冷氣，估計應該是壞了吧！望向了公路上各式僅能在歷史博物館或展場見到的凱迪拉克、雪鐵龍、老福特類的高油耗、排氣量大的古董車，每台車都像老菸槍，從排氣管吐出了灰黑的煙圈，濃烈令人難以忍受。約半小時車程，我抵達了位於哈瓦那大學旁，櫛次鱗比的巴洛克風格華廈。這是我透過某個不知名的西語民宿訂房網，輾轉而尋得到的民宿。因為古巴的封閉，在大眾的訂房網幾乎找不到太多旅館訂房的資訊。但其實古巴的庶民住宿有一「Casa」系統，古巴

舊時國會大廈

人只要透過簡單的程序申請，就可以獲得政府頒發的合法接待勳章，將自家提供給來往的旅客休憩，成為額外收入。無奈網路的管制和科技的落後，這類的 Casa 通常沒法在網路上宣傳，不為外人所知。我提著行李入住了沒有電梯的五樓住家，入眼的玄關有方型映象管電視和木製的藤面搖椅，加熱式的蓮蓬頭和橢圓形的浴缸，體驗了時空穿越之旅。

商業化的革命廣場

　　步行到新城區的革命廣場（Plaza de la Relución），是古巴國家重要節慶或遊行活動舉行的地點，政府的行政機關座落在廣場四周俯瞰這片平坦的腹地，其中一座建築內務部大樓，上頭用鐵條圍成革命英雄切·格瓦拉的頭像和其名言：直到最後勝利（Hasta la Victoria Siempre），是眾多觀光客必來打卡之地，地位有點類似台灣的凱達格蘭大道。而這個巨大的廣場邊停滿了色彩斑斕的古董車和圓頂造型的機車 Coco taxi，提供各式不同環遊哈瓦那的方式。如果口袋有點深度，可以搭上以花朵裝飾的豪奢古董車，喝杯代表勝利的香檳，在城裡的巷弄間炫富穿梭，滿足在其他世界無法達成的虛榮感。

風靡全球 Havana Club

　　而旅遊走庶民路線的我，則跳上了平價的 Coco taxi，沿著電影《玩命關頭 8》賽車的海濱 El Malecón，抵達下個景點蘭姆酒博物館（El Museo del Ron Havana Club），參加蘭

海濱 El Malecón

姆酒工廠的導覽。在殖民時期的甘蔗種植政策，提供了殖民母國價格便宜的粗糖來源，而膏狀的糖蜜蒸餾後的蘭姆酒，成為意外熱銷的基酒。不只是在古巴，中美洲各國皆有自己有名的蘭姆酒品牌，但獨領風騷的還是熱銷全球（獨缺美國）的 Havana Club，構成許多新創調酒的元素，如混合檸檬汁與薄荷的 Mojito，鳳梨為底的 Piña Colada，加入可樂的自由古巴（Cuba Libre）等。博物館內有小型的模型解說甘蔗的收成、榨取、乾燥、加熱、蒸餾和裝瓶，帶領遊客了解釀酒的過程，於導覽的最後引入了一個高貴的酒吧，試喝不同年份的 Havava Club，雖然都只有小小一杯，但 35% 的濃厚酒精還是讓人不勝酒力。

　　古巴最吸引美國人的地方，是美國作家海明威曾經駐足的酒吧：柏迪奇達酒吧（La Bodeguita de Medio）、小佛羅里達酒吧（La Floridita），和久居 21 年的維吉亞山莊（Finca Vigia）。常可以見到貌似讀者的旅客拿著文獻按圖索驥的追尋足跡。我也造訪了離哈瓦那城外不

遠的維吉亞山莊，雖不是鐵粉，但隨性地晃晃亦能體會
大文豪在異地書寫時的快活，有著四隻可愛的小狗，開
船出海垂釣，恬靜生活中激發更多的靈感。

待在哈瓦那的幾天，我駐足在舊城區的聖方濟廣場
（Plaza de San Francisco de Asis）欣賞著悠悠古
城的典雅，時而買一根古巴的 Cohiba 在露天的餐廳享
用。古巴的老時光，我想一時半刻還不會改變。

哈瓦那街景

Part 7
台灣

Taiwan

台灣　萬年左營歷史風華

我唯池邊行過　池水是電視　一幕

少年時的甜蜜　攏錄佇池中

迄下晡　咱兩人宓佇日頭雨傘下跤

鯽仔魚共汝印佇水面的　笑容　嗅一下

青春煞變成一首熱門歌曲　歸個蓮池潭攏綴塊　搖搖擺擺

情話會藏水bī　佇水底佮鯽仔魚　迸來迸去

意愛的火爐　予溫度嗆岖　連半屏山嘛溶佇水面

雄雄　毋知啥人　共遙控器 chhih 一下

一蕊蓮花　微微仔笑　池水當塊坐禪

——林文平〈蓮池潭〉

　　高雄左營是昔日清朝的舊鳳山縣城，蟄伏了許多歷史的故事，在時代的巨輪中交替穿插著。蓮池潭得名於滿池的蓮花，在蠶夏盛開吐露著芬芳，像一枚晶瑩溫潤的珍珠點綴其中。湖面波光粼粼，邊坡垂柳搖曳，化為台文作家林文平筆下讓人醉戀的所在。

　　池畔的「春秋閣」是中國宮殿式建築，有精緻的雕樑畫棟，立身在池面上，雄偉盤據照看整個蓮池，曲折的石橋連接著入口。依水而建的中國式建築讓人有身處江南烏鎮的錯覺。

　　環繞左營一周的舊城牆還留著當初精密建築工事的遺跡，經歷了日治、民國的開發，默然凝視著人來人往的興衰。舊城牆內外則是國民政府撤退來台後興建的海軍眷村，起造了一些簡陋的房舍，構成許多「新村」，帶來了大江南北的料理和故事，經過與台灣人10幾年下來的衝突和磨合，

龍虎塔

又創造出更多獨特的人事物。我的老家在昔日勝利新村外，旁邊曾經有條曹公圳灌溉的小溪清晰見底，整個動人的左營編寫了我的人生篇章。

文學裡散步

左營有個不為人熟悉的小景點，是我在慵懶下午尋找靈感的地方。文學大師葉石濤晚年曾居住在左營創作，高雄市文化局為了記念他，在蓮潭路西邊設計了「高雄文學步道」，是他每日散步行經的路徑。早期文學家對鄉土的臆想、眷戀和對左營舊城的種種回憶，寄情於文學詩句，而今在蓮潭路沿岸的石碑和石柱等公共藝術盡呈。

譬如作家路寒袖的〈花開萬年〉，即描述左營最有名的宗教活動「萬年季」。據說明鄭時期的萬年縣即在今日左營，而今配合每年「迓火獅」，燃放紙紮火獅祈求來年的平安。或是汪啟疆的〈FORMOSA 2007〉，描

述台灣這個原鄉對於自己的重要性。這些詩歌雕刻在冰冷的岩石上，如此的溫熱，傳唱著左營百世的詩歌，成了「掉落蓮池潭的詩語」。

眷村裡迷路

　　欣賞完蓮池潭，可續造訪勝利路旁原勝利新村裡面的「高雄眷村文化館」。高雄有 3 個兵種的眷村，鳳山的陸軍眷村、岡山的空軍眷村和左營的海軍眷村。這些在大時代中顛沛流離的人們，從一個省分逃難到另一個省分，在兵馬倥傯中，曾經的本省人都變成了我們口中的「外省人」。

　　眷村，這些以前被定位為臨時住所的小村落，聚集了東北、浙江、福建等無數地方文化的軍人，與原生的台灣人和原住民互相交流激盪，造就了現在共體時艱的台灣。在作家張耀升的著作《告別的年代：再見！左營眷村！》中，他走訪了許多從左營眷村出去的名人，記錄他們眼中的左營。不難發現眷村人們因為大環境的變化而非常團結，但其實也非常孤單。他們每晚都作著光復大陸、在老鄉醒來的夢。於是乎，隨著來台的伙房兵烹調出家鄉菜，藉由食物療癒他們隱隱作痛的鄉愁。這些伙房兵又與婦人們互相交流，在左營各處開了許多名聞遐邇的店，汾陽餛飩、三牛牛肉麵、劉家酸菜白肉鍋等，構成了左營街角飄香的美食盛況。

　　高雄眷村文化館蒐集了許多眷村的懷舊家具，像是電扇、電視、鍋碗瓢盆、腳踏車、麻將，並布置出 1950、60 年代的客廳和大門。海軍不同官階的卡其色、白色、黑色制服，讓遊客可以試穿拍照，亦提供多元的史料介紹眷村的形成、分布與現況。

眷村已在一片改建的聲浪中逐漸消失，最有名的應算是「眷村裡迷路」的自助新村，曾經色彩繽紛的街巷而今已成殘瓦。許多外省老伯伯掛起布條抗議，即便提供新房屋給他們，我想冰冷的水泥牆終究比不上住了一輩子、有人情味的老房子吧。

勝利路旁有座龜山，因從遠處看像個趴在蓮池潭旁正準備下水游泳的烏龜而得名。但日治時代開闢了勝利路，將龜山的頭從頸部斬斷，變成了大小龜山，幾年前被壽山國家公園納入風景區。閒暇之餘，我會登上大龜上眺望遠處的海軍軍港（昔日的萬丹港），龜山上的防空洞和砲台指著外海的方向，彷彿默默守護著左營。

走在擁有 10 幾座廟宇的左營，常會帶給我京都的既視感（De javu），幻想自己是漫步在鴨川、哲學步道和金閣寺；蓮潭之於鴨川，文學步道之於哲學步道，左營之於京都舊城。如果認真探索、認識左營，會喜歡上這個可愛的小城鎮。

── 本文刊載於 2014 年 3 月 10 日台灣教會公報 3237 期

台灣　岡山，大江南北好料理匯集

「岡山站到了，要下車的旅客請準備下車。」

記得小時候南來北往的老舊火車上什麼味道都有，母親帶著我去各地參加書法比賽的回程，鐵路餐車上的鐵路便當是我最期待的晚餐。鐵路便當沒有什麼菜色，只有一片油豆腐和一塊閃著油光的爛肉，肥美的油花在嘴中散開，比賽的疲累也瞬間消弭。駛過岡山站，多半會湧進一群瀰漫原始草原、陽光、汗臭味的阿兵哥，塞滿原本就水洩不通的走道，這些複雜氣味構成我對岡山的所有記憶。小時候一直不甚明瞭，為什麼不見經傳的岡山站會成為台灣鐵路的南部轉運站，後來方知台灣的鐵路路線有著縝密的經濟與戰略地位考量。擁有南部空戰基地的岡山，搭配著海軍軍港的左營成為山海聯防重要的中繼站，而以軍營為中心發展出的供需社區也因應而生。

在大學三軍六校聯合入伍訓練時，認識了來自岡山空軍官校的朋友，將岡山車站附近的軍用品、制服乾洗店及代繡學號的店家，當成寄放不能帶入軍營「違禁品」的寄物站。他們熟識的像是隔壁鄰居，這些店家們順應著大時代的趨勢和當地的軍人們緊密結合，培育出車站的特有文化。

眷村美味豆瓣醬

日治時代的台灣總督府，將附近大小山岡圍繞的地區改名為「岡山」，呼應著日本本州島岡山縣的岡山市。太平洋戰爭時，日本因西進戰略地位考量將空軍基地設在此，在周邊建造空軍官兵的宿舍。待國民政府來台後，

熱騰騰的羊肉爐

岡山羊肉爐街

延續了日治時代的規劃，將空軍部署在岡山，而官兵的宿舍也演變成空軍眷村。如同其他眷村地區，移居台灣的中國各省族群將大江南北的料理帶來台灣，融合成獨樹一格的特色食材。最有名的可說是辣豆瓣醬，據聞是因為居住岡山的軍士官們多半來自四川，岡山地區土壤乾旱，也適合種植辣椒。原本在社區販賣的辣豆瓣醬深受好評，帶來了區域經濟，岡山各個熱炒店、羊肉爐店家都可看到免費提供的美味辣豆瓣，知名程度不可小覷。走訪了世界各個角落，連在中美洲海外的台灣超市都可以見到來自岡山的辣豆瓣醬。

遠近馳名羊肉爐

冷冽的冬天，吹拂的寒風，讓人想念一鍋燉得軟嫩、讓胃暖和的羊肉

爐，而遠近馳名的羊肉爐就座落於岡山。岡山羊肉發展的歷史耐人尋味，恃其地理位置在早期聚落時期為各路生意人群聚之所，大夥拿著竹編的籮筐裝著各式乾物來此以物易物。當時附近田寮、內門飼養眾多黑山羊，市集裡的羊肉交易頗受好評，也奠定了日後岡山羊肉料理深厚的基礎。早期籮筐交易的傳統，在岡山民間及公部門合作下，推動了一年 3 度的岡山籮筐會。在此盛會中，在地農產品如辣豆瓣醬及大崗山龍眼蜂蜜及各類羊肉料理紛紛端上桌供饕客挑選，同時也推廣竹編藝術品傳統技藝。

沿著空軍基地旁的後協里、仁壽里，羊肉爐店家星羅棋布，各式各樣羊肉爐爭奇鬥豔，來此就可把當地美味一網打盡。不同於冷凍的涮羊肉用機器刨成捲筒狀，食用前才放入鍋中；岡山羊肉爐使用溫體羊肉塊，加入枸杞、川芎、黃耆、紅棗、當歸、熟地、陳皮、甘草等各式中藥和蔥、蒜、米酒一起熬煮，羊肉塊則須先用薑熱炒和大骨燉煮數小時，味道更加豐厚，有滋有味。

經熬煮過之羊肉飽滿吸取中藥之精華且嫩軟無比，配上辣豆瓣醬，舌尖傳來陣陣的酸甜苦辣，最後一碗熱湯入喉，不禁如翻開出師表般感動得涕淚縱橫。作家焦桐在《台灣味道》一書中，將北部的羊肉爐店家配料及肉片處理方式做了一系列的整理，但唯獨沒有寫到岡山，真希望有日能見到他出現在岡山的街角，吃著羊肉默默地點頭讚嘆。

阿公店水庫散步

吃完了羊肉爐，還可到燕巢區、岡山區、田寮區交界的阿公店水庫散步促進胃腸消化。阿公店名字由來有許多傳聞，一者是馬卡道系平埔族阿加社故地意譯後的名稱，另者是由明朝福建移民於阿公店溪旁提供旅者寄居之店家延伸而來。目前的阿公店水庫同時有農業灌溉及公共用水之功能，環水庫的自行車道則是全台第一座啟用的環水庫車道。

在水庫的東邊和西邊各有一座吊橋，擁有著美麗的名字：日昇蓬萊與煙波虹橋。沿著阿公店水庫步行一周約兩小時，沿途可見到阿公店十景：日昇蓬萊、荷塘曉風、崗山倒影、長堤夕照、龍口吞泉、水漾釣月、煙波虹橋、竹林伴騎、樹影果香、晨鐘暮鼓，可謂美不勝收。行走在阿公店水庫旁涼風吹拂，水面微波蕩漾，適合午後扶老攜幼來此享天倫。

中國作家阿來說：「故鄉是讓我們抵達這個世界深處的一個途徑，一個起點。」故鄉高雄的種種點滴，在離鄉背景工作後，才慢慢浮現在腦海中。偶爾會想起午後在阿公店水庫的漫遊和吃著美味羊肉爐的時光，不自覺獲得許多能量。

── 本文刊載於 2016 年 8 月 29 日台灣教會公報 3366 期

大雪山舊時林場

台灣　大雪山 Babo Rinisan

　　隨著疫情發展，人們的旅遊習慣也隨之改變。「島內出走」越來越風行，趁著週末時光，我們來到了美蘇冷戰時建立的重要林場——大雪山。

含淚泣別之山

　　取道東勢，蜿蜒直上，途經滿山梨子林，只見梨果以防蟲袋保護著，遠看像極一叢一叢花朵。沿路的林相逐漸從常綠闊葉林轉變成高挺的針葉林，越過一個山頭，轉瞬之間我們已被氤氳的雲海包圍，彷彿墜入仙境。利用政府推行的森林遊樂區免費一次優惠入園後，我們首先停駐在隸屬東勢林區管理處的大雪山遊客中心。

海拔 2275 公尺的遊客中心沁涼消暑，看了一下告示牌，氣溫僅有 15 度。遊客中心展示了許多史料，帶著我們走過一段 歷史的時光走道。大雪山的山貌像極日本北海道的大雪山，於是日本人以其取名。大雪山的泰雅語原名為 Babo Rinisan，意為「含淚泣別之山」，昔日大雪山是南方佳陽社部族和北方新竹廳泰雅族的獵區分界線，兩部落彼此通婚，族人將新娘送至大雪山草原時揮淚告別，因而得名。

伐木工人之歌

大雪山開始為世人所認識，始於美國冷戰時期發展及協助農業貿易的法案《480 號公法》。相較於日治時期三大林場太平山、阿里山和八仙山，大雪山開發晚，又因政府經營問題結束得早。

美國的援助政策原本搖擺不定，沒有太大進展，直到 1950 年韓戰爆發，為防堵共產勢力擴張，開始擴大對台援助。美國調查台灣的林相，發現高價值的木材皆在中高海拔地區。不同於日本人修築森林鐵道的舊式作業，大雪山林業公司改採興建林道深入砍伐的現代化經營，使用美式自動化鏈鋸加速伐木速度、高曳集材方式擴大範圍及效率，並引進聯結車運送高達 30 公尺的原木。

昔日林業的興盛帶來豐沛的外匯，也發展出伐木工業的生活圈。伐木工作站的行政小姐計算木材數量和報表的身影，成為男性居多的伐木工廠最美的風景；工作到一身疲憊，香味四溢的食堂等待著辛勤的工人；想念都市生活時，還可下山到東勢看場電影，撫慰心靈。我想起日本電影《哪啊哪啊～神去村》（Wood Job!）的場景，一群坐在卡車後方的伐木工回家時歡然唱著山歌，單純而幸福。

參天千年之木

　　我們在山屋用農遊券吃了自助餐，再漫步到位於 200 林道的大雪山神木步道。由停車場出發，一路有平坦的水泥道可走，去程是 1.5 公里的下坡，回程則是 1.5 公里的上坡，是條先甘後苦的行程。沿途有華山松、五葉松和紅檜木林夾道歡迎，景緻優美，空氣中彌漫著青草和木頭的香氣。偶爾眺望北三錐山，可欣賞浸潤在山嵐之中的美景。生態系極為豐富，沿路看到了畫眉、山雀，甚至還有山羌，勃勃生機環繞四周。走踏一遭，讓我親身體驗以前所讀書本和文獻的研究是真實的存在，不常出入山林的我對以往所學有了嶄新的體會。

　　經過一番努力，我們終於看到了高聳的大雪山神木。這棵紅檜木經歷逾 1400 年的歲月，依舊高聳挺拔、鬱鬱蔥蔥，令人仰之彌高，不由興起敬畏之心。我想起古時馬雅人相信參天的木棉樹（Ceiba）可以與神祇溝通，不知道他們看到這棵高聳的神木會如何想像。

遊客中心博物館

山澗孕育之魚

下大雪山後，我們沿著溪谷行駛，來到這晚留宿地點谷關。谷關的溫泉遠近馳名，自山麓湧出後川流在山岩之間，水質屬碳酸泉，含有硫化物及鹽分，有促進循環和美白之效。當車子開進谷關區，還沒下車，已經聞到空氣中淡淡的硫蒸氣。入住的老飯店有檜木的香味，旁邊就是涓涓細流的溪壑，雖然經歷過九二一地震的衝擊，美麗的山林仍慢慢將遊客帶回來。谷關的中央道路上有許多販賣野菇、虹鱒、野菜等當地菜餚的餐館，其中以鱘龍魚料理最有名。谷關山間的冷水提供鱘龍魚優質的環境，當地業者做出價格高昂的鱘龍魚子醬，採用 16 年以上鱘龍魚卵，珍貴且稀少，30克售價近 4000 元。

當晚，與家人在旅館中幫我的小女兒慶生，在全球疫情嚴重此刻，因工作限制而返回台灣，享受了難得的天倫之樂。走出旅館，月明星稀，抬頭望去，見到了美麗的八仙山。

—— 本文刊載於 2020 年 11 月 23 日台灣教會公報 3587 期

國家圖書館出版品預行編目資料

洲際・共遊 ／許承智 著. 一初版.—臺中市：白
象文化事業有限公司，2021.6
　　面；　公分. ——
　ISBN 978-986-5488-37-6（平裝）

1.旅遊 2.旅遊文學 3.世界地理
719　　　　　　　　　　　　　110005761

洲際・共遊

作　　者　許承智
校　　對　許承智
美術編輯　林倩卉
插　　畫　吳雅婷
出版編印　林榮威、陳逸儒、黃麗穎
設計創意　張禮南、何佳誼
經銷推廣　李莉吟、莊博亞、劉育姍、王堉瑞
經紀企劃　張輝潭、徐錦淳、洪怡欣、黃姿虹
營運管理　林金郎、曾千熏
發 行 人　張輝潭
出版發行　白象文化事業有限公司
　　　　　412台中市大里區科技路1號8樓之2（台中軟體園區）
　　　　　出版專線：（04）2496-5995　　傳真：（04）2496-9901
　　　　　401台中市東區和平街228巷44號（經銷部）
　　　　　購書專線：（04）2220-8589　　傳真：（04）2220-8505
印　　刷　基盛印刷工場
初版一刷　2021 年 6 月
定　　價　300 元

白象文化　印書小舖 PRESSSTORE 出版經銷館　出版・經銷・宣傳・設計
www.ElephantWhite.com.tw　f 自費出版的領導者　購書 白象文化生活館